ゴルフが変わる名言

迷いが消える名手たちの言葉42

Mori Morihiro
森 守洋

KAWADE夢新書

はじめに

皆さん、こんにちは。プロコーチの森守洋《もりもりひろ》です。

私は東京都三鷹市の「東京ゴルフスタジオ」を主宰し、多くのアマチュアゴルファーのレッスンを行っていますが、２０１０年のオープン以来、早いもので14年が過ぎようとしています。

当時と比べますと現在はユーチューブなどの動画を閲覧する機会がかなり増えましたし、ゴルフの上達に役立つ情報も豊富に出回っているのは喜ばしい限りです。

そんな時代にあっても、ゴルフにはつねに迷いや悩みがつきものです。

悩みの解決にはプロコーチのレッスンを受けるのもいいですが、ときには往年の名プレーヤーたちの名言に触れてみてはいかがでしょうか。

私はゴルフを始めた当初からベン・ホーガン、ボビー・ジョーンズなど昔の名手たちが残してくれた名言にとても興味を持っていて、その言葉を紐解いてみると多くの発見があり、ゴルフがますます面白く楽しくなったものです。

本書では「スランプから早く脱出したい人への名言」「練習時間はあまりないけど100を切りたい人への名言」「メンタルが強くなりたい人への名言」「コンペでいいスコアを出すための名言」の4つの章に分けて、皆さんにわかりやすいように私なりに解説させて頂きました。

時代が変われば道具も変わってきましたから、名手たちの名言が現在は当てはまらないように思えるものも中にはありますが、その辺も誤解のないようにお伝えしたく思います。プロコーチのどんなに優秀なレッスンよりも、名手たちの一言が大きなヒントになるケースがよくあります。

名手たちの「すごい言葉」に触れて、ひとりでも多くのゴルファーの方々が上達のキッカケやヒントをつかんで頂けたら嬉しく思います。

森　守洋

ゴルフが変わる名言—迷いが消える名手たちの言葉42— 目次

第1章 スランプから早く脱出したい人への名言

目次

第2章 練習時間はあまりないけど100を切りたい人への名言

第3章 メンタルが強くなりたい人への名言

第4章　コンペでいいスコアを出すための名言

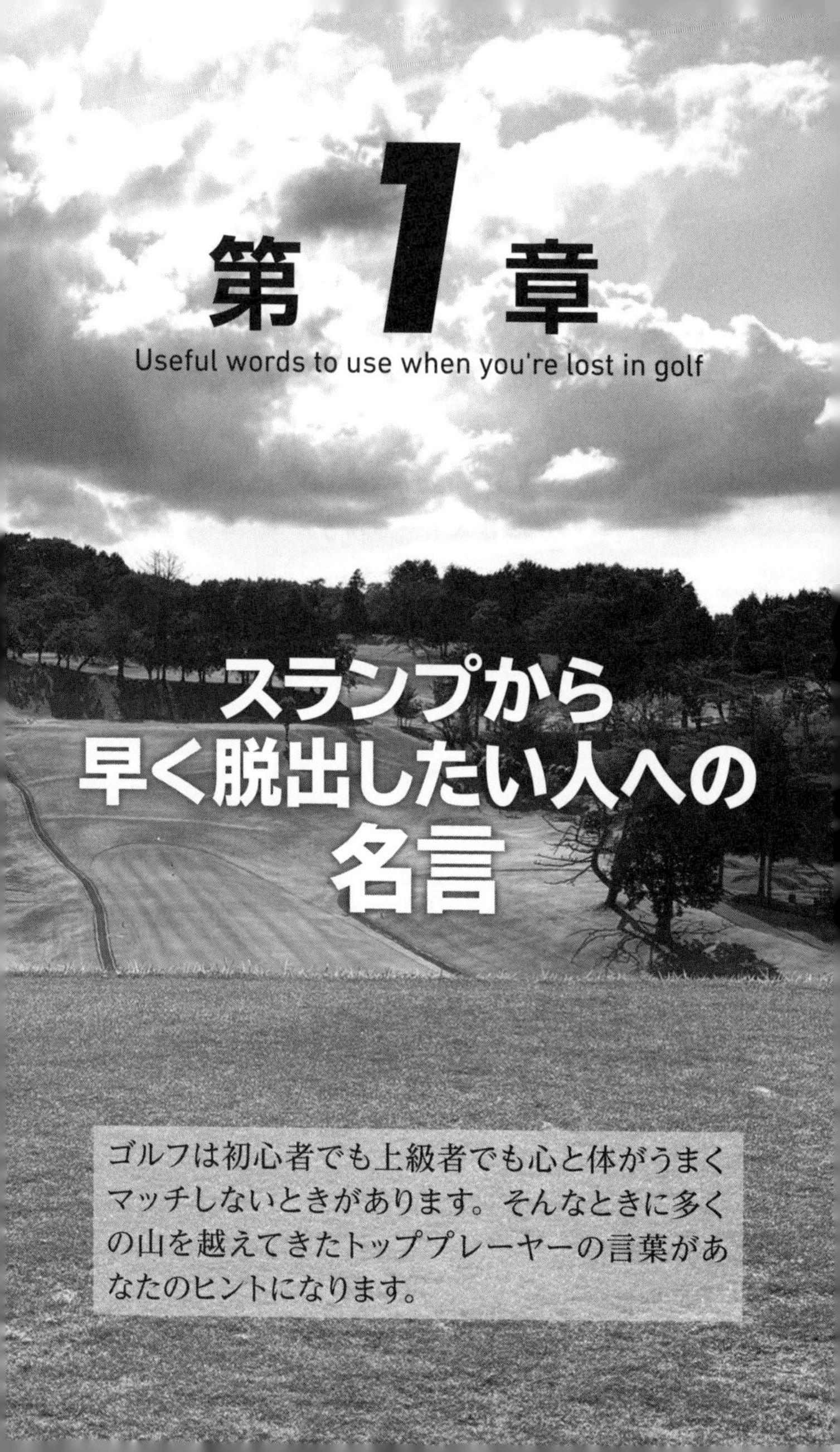

第1章

Useful words to use when you're lost in golf

スランプから早く脱出したい人への名言

ゴルフは初心者でも上級者でも心と体がうまくマッチしないときがあります。そんなときに多くの山を越えてきたトッププレーヤーの言葉があなたのヒントになります。

ゴルフが変わる

名言・1

飛ばしの欲求を抑えたときに、
ゴルフゲームが見えてくる

――中部銀次郎

●中部銀次郎　なかべ・ぎんじろう
1942年2月16日生まれ。山口県出身。日本アマチュアゴルフ選手権に計6度の優勝を達成するなどアマチュア界の頂点として君臨した。67年には西日本オープンでプロたちを退けてアマチュアで優勝。2001年12月14日没。

ゴルフはボールのスピン量をコントロールするゲームである

「プロたちよりも強いアマチュア」と賞賛されながらも、生涯アマチュアゴルファーとして通した中部銀次郎さん。その中部さんがとてもシンプルで、かつゴルフの核心を突いた明言を残してくれました。

ボールが飛ぶことは、スコアメイクで有利となるのは確かです。「飛距離はアドバンテージ」とプロたちも認めるように、ドライバーが遠くに飛ばせるのはその人の能力であり、大きな武器ともなります。

多くのアベレージゴルファーも、「飛距離をもっと出したい！」「誰よりも遠くに飛ばせるようになりたい！」といった飛ばしの欲求から、ドライバーの練習に一所懸命に励みます。街のドライビングレンジにたまに出かけることがありますが、ドライバーを振り回してばかりの人が目についてしまうほどです。

飛距離が出るのは有利なことですが、それがすべてではありません。ゴルフでもっとも大事なのは、「ボールをどのようにコントロールするか」を考えながらプレーすることです。狙った目標までの距離をしっかりイメージし、方向の誤差をなるべく少なく抑えるためのボールコントロールの技術が要求されるのです。

キャディバッグには14本までのクラブを入れられることはよくご存じでしょう。しかし、それぞれのクラブのロフト角にマッチしたスピン量を認識してボールを打っている人が、どれだけいるでしょうか。

ゴルフは「いかにボールをコントロールするか」をメインテーマと考えるべき競技だと私は思います。

ボールをどうコントロールして打つかがとても重要なのに、フェース面をボールに向かって力いっぱい叩きつけるだけの練習に終始しては上達につながりません。むしろ害悪となってしまうケースのほうがずっと多いのです。

なぜなら飛ばしの欲求が肩や腕のリキミを生み、それによりスイングの軌道やリズムが安定しにくくなり、ミート率が上がらないからです。

ほとんどドライバーの練習しかしないという人は、練習の取り組み方を再考する必要があります。

もちろんプロやシングルゴルファーたちもドライバーの練習はします。でも練習の主なるメニューではなく、たとえば100球打つとすれば、せいぜい5～10球程度の割合です。

ボールのスピン量をコントロールして打つイメージが一番強いクラブはサンドウェッジです。上級者たちはショートゲームの技術を向上させるという目的もありますが、ボールのスピン量をコントロールして打つ感覚がサビないように、サンドウェッジの練習をメインと考えているのです。

飛ばせるドライバーも狙った目標に対して「運ぶ」意識が大事

「飛ばす」というと、コースを制圧しよう、征服しようといったイメージにつながりがちです。コースに対して謙虚な姿勢を忘れてしまいやすいともいえます。

ドライバーショットも突き詰めればどこまで飛ばすかではなくて、他のウッドと同様に

「狙ったところへいかに打つか」が大切です。

ターゲットに正確に運ぶなら、ドライバーだって他のクラブと同じでボールをコントロールして打たなくてはならないのです。

中部さんのいう「飛ばしの欲求を抑える」という言葉は、正確なショットを打つためのスイングの技術も大事だけれども、それ以上に「あえて飛ばさないこと」や「コースマネジメントの重要性」の大切さを説きたかったのでしょう。

飛ばしの欲求を抑えてボールのスピン量や距離、方向をコントロールする考え方は、コースをどう攻めるかのマネジメントにつながりますし、コース攻略の幅も広がります。

それにドライバーの練習ばかりでは、本当のスイングはなかなか身につきません。スイングを作る練習はショートアイアンが最適といえます。

短い番手のクラブなら「飛ばそう！」という意識よりもバランスよく振り抜くイメージが出やすいです。

クラブの重さを両手に感じやすく、ヘッドの遠心力を利用してリズムよくスイングしやすいものです。

ドライバーで打つときも、ショートアイアンと同じ感覚でスイングしましょう。飛ばそうとして腕力に頼ると肩や腕、手首が逆に動きづらくなり、肝心のクラブの円弧が崩れやすくなります。

力いっぱいスイングした割にはヘッドスピードが上がらず、思うように飛んでくれません。

ところがショートアイアンの感覚でスイングすれば肩や腕、手首などの関節が稼働しやすくなり、クラブスピードも上がりやすくなるのです。

ショートアイアンの飛距離の2倍が、ちょうどドライバーの飛距離に相当するともいいますが、それも心構え次第です。

「240ヤード飛ばさなくちゃ！」と思うとミスにつながりやすいですし、「190〜200ヤード程度飛べばOK」くらいに謙虚な心を持てば、220ヤード超えのショットが打てるようになるものです。

ゴルフが変わる
名言のまとめ

「飛ばさないことを考えれば、スコアがまとまりやすい」

スイング作りにはショートアイアンの練習が最適。スピン量をコントロールして打つ練習なら、プロたちのようにサンドウェッジの練習に時間をかけよう。こうした技術を磨くことが上手なコースマネジメントに直結する。

ドライバーで打つときも
ショートアイアンと同じ感覚で
スイングしてみよう

ゴルフが変わる

名言・2

ゴルフは学べば学ぶほど、学ぶことが多くなる

――エルスワース・バインズ

●エルスワース・バインズ
1911年9月28日生まれ。米国カリフォルニア州出身。32年の全米選手権、ウィンブルドン選手権優勝など世界的なテニスプレーヤーとして活躍。後にゴルフに転向し、30年代後半にプロとなる。ローカル大会の優勝はあるが、メジャー大会はついに勝てなかった。94年3月17日没。

ゴルフは身体的感覚で覚えるより、物理面から学ぶほうが得策だ

ゴルフはスポーツの中でももっとも広大なフィールドを舞台に、さまざまな状況の中で14本のクラブを駆使し、球筋をコントロールして狙ったターゲットに運ぶことを目的とします。

ゴルフの不思議なところは、スイングのイメージが把握できていても、どんなに運動神経が優れている人でも、イメージ通りのショットがなかなか打てない点に尽きると思います。これまでにできていたことが、突然できなくなることも少なくないのです。

30代でプロゴルファーに転身したエルスワース・バインズも、ゴルフにはテニスとはまた違う難しさに驚き、「なぜ打てないのだ!?」と苦悶の日々が続いたのでしょう。

体力や筋力が落ちたとか、目がついていけなくなったとかならわかりますが、体力も視力もとくに変わっていないのに突然スランプに陥ってしまうケースがよく起こるのは、身体的な感覚とクラブの物理的な動きの感覚に微妙なズレが生じるためです。

ゴルフスイングという動作は、自分の手元とクラブヘッドの動きに「時間差」が発生します。

ゴルフもスポーツですから身体的な感覚が支配すると思われがちですが、ゴルフコースでボールが飛んでいくというのは物理的現象でしかないのです。

ボールがある場所に対してクラブをライ角通りにセットし、フェース面がボールに対してきちんと通過しなければ、ボールは目標方向には飛んでくれません。

技術面からスイングを考えるとどうしても体の使い方やポジションなどばかりに意識がいってしまいがちですが、意識を体ばかりではなくクラブへ持っていくことが大切です。たまたまボールがうまく打てていても、そこで納得したり満足したりしないことです。

宮本武蔵の剣術ではありませんが、剣をうまく使いこなすことで技術が磨かれるように、ゴルフもクラブの使い方を先に学べば、遠回りせずに上達できるといえます。

クラブをどう扱うかを考えれば、スイングの習得はそれほど難しくはありません。スイングを習得した後のコースとの闘いが難しいのです。

ゴルフはとても難しくて、学ぶこともとても多い。だから、ゴルフは面白いのです。

ゴルフが変わる
名言のまとめ

「道具の使い方から学ぶと上達が早い」

ゴルフは失敗の連続であり、終わりがない。だから飽きないともいえるが、物理面から覚えていけば身体的感覚とのズレを埋めやすい。

ゴルフが変わる
名言・3

職人の腕はその道具でわかり、
ゴルファーの腕は
そのクラブでわかる

——エドワード・レイ

●エドワード・レイ
1877年3月20日生まれ。英国出身。1912年の全英オープン、20年の全米オープンで優勝。英国随一のロングヒッターで知られた。この名言は彼の著書、『Inland Golf』のもの。43年8月26日没。

どんな名器でも自分のスイングに合わなければ使えない

昔と今ではクラブやボールなどの道具がかなり変わってきて、道具がこれだけ進化した現代ゴルフにおいては、エドワード・レイの言葉はちょっと当てはまらない部分もあるかもしれません。

でも道具を大切にする心を持つことが大切なのは昔も今も同じです。つねに手入れをしておくのはもちろんですが、それ以上に大切なのは「道具を選ぶ目を持つ」ということです。

レイは「弘法筆を選ばず」ということを語っているのではなく、自分に合った道具をしっかり選ぶのが何よりも重要だというところに彼の真意があるのだと思います。

ゴルフがうまい人は自分の技量に合ったクラブを慎重に選んでいますし、レベルアップによってクラブを取り替えることもします。クラブなどの道具の選び方が的確なのも、道具の知識が高いからです。

かなり前の話ですが、私の師である陳清波《ちんせいは》プロはパーシモンの頃はもちろん、メタルヘッドでも「チューンナップだ」といってヘッドをヤスリで削ったり、鉛を貼ったりして自分で調整していました。

道具を自分のスイングに合わせることも大事ですから、自分好みのクラブに仕上げたい一心だったのです。

ゴルファーにとってのクラブは、武士の刀と一緒です。道具を大切に扱ったり、知識を深めたりするのは当然ですし、ゴルフのうまい人ほどクラブにこだわりを持っています。

プロが使っているクラブでも、アベレージ用のクラブでも、最新モデルでも中古クラブでも、とにかく自分に合っていればいいのです。

自分のスイングで、違和感のないボールが打てる。自分のイメージ通りの球が打てて、手にも馴染みやすく、ボールコントロールがしやすいクラブを選びましょう。

ゴルフの上達の8割はスイングによるといいますが、上達の度合いと比例して、道具の選び方や使い方の研究が絶対に必要です。

ゴルフが変わる
名言のまとめ

「道具の知識を深め、自分に合ったクラブを慎重に選ぼう」

名器といわれるクラブがいいわけではない。自分のスイングに本当にマッチしたクラブが最高の伴侶であり、できるだけ長く使いたいものだ。

ゴルフが変わる

名言・4

多くのゴルファーはあまりにも
早く打ちたがる。
タンポポの花を打つように
スイングすればいいのだ

――サム・スニード

●サム・スニード
1912年5月27日生まれ。米国バージニア州出身。同じ12年生まれのベン・ホーガン、バイロン・ネルソンと並ぶ偉大なゴルファー。50年には年間11勝をあげるなど数々の歴史的な記録を残している。メジャー大会は通算7勝。2002年5月23日没。

「ゆっくり」振る意識でクラブヘッドの動きが感じやすくなる

サム・スニードのこの名言、とても興味深い言葉だと思います。右の名言中の「早く」という言葉を「早く」と「速く」の違いで考えてみてください。

一流プレーヤーたちのスイングはみんな速いのですが、スニードから見たらアベレージゴルファーたちのスイングが早く見えたのでしょう。

実際はプロたちのスイングのほうが断然速いに決まっています。ところが多くのアベレージゴルファーたちはトップから切り返しにかけての部分に「間」がなくて、ダウンスイングの始動のタイミングが「早く」なっています。

それをスニードは「早く打ちたがる」という表現で、警鐘を鳴らしているのです。

タンポポの花やタバコの吸い殻を打つときは誰でもそんなに力を入れませんし、割と気楽に打つでしょう。

ところがゴルフボールを打つ段階となると、多くのゴルファーがリキみがちです。グリップをガチガチに握りますと腕や手首が硬くなり、さらにトップでクラブの重さを感じる前に降り下ろそうとします。

結果的に手元とクラブヘッドの時間差が生まれず、タメが作られません。つまり、スイングが早く見えるのは「早打ち」であり、打ち急いでしまっているということです。

スニードの言葉は、「もう少しゆっくり振りましょう。クラブヘッドの重さを感じてからダウンスイングしましょうよ」と語りかけているようなものです。

とはいっても実際にヘッドスピードが低下してしまっては、飛距離がまったく出なくなります。

「ゆっくり」というのは、手首の力を抜いてクラブヘッドの遠心力を利用してスイングすることを意味します。


シャフトが極端に軟らかいクラブやロープなどを持って素振りしてみてください。するとクラブシャフトをしならせる感じがつかめます。

ゆっくり振るイメージによって手元とクラブヘッドに時間差が生まれてクラブヘッドが

自然に加速し、実際はスイングスピードが速くなります。
そこが「スイングが早い」との違いなのです。

ゴルフが変わる
名言のまとめ

「クラブの重さを感じてからダウンスイングしよう」

ボールを力いっぱい叩こうとするから早打ちになる。切り返しのタイミングをゆっくりさせるだけでミート率が劇的にアップする。

ゴルフが変わる

名言・5

耳でパットせよ

――ジャック・ホワイト

●ジャック・ホワイト

1873年8月15日生まれ。英国スコットランド出身。1904年に全英オープン史上初の300を切る296ストロークで優勝。パットの名手で知られ、この名言は21年に出された彼の著書『Putting by Jack White』の中の言葉。1949年3月24日没。

パットは毎回同じ音を出せるようなストロークが大事

パットの教えとして「左耳でカップインの音を聞け」という言葉を聞いたことがあるでしょう。

結果を求めて顔が早く上がってしまうヘッドアップを戒めるアドバイスです。ジャック・ホワイトの「耳でパットせよ」という名言も同等のように思えるかもしれませんが、私はその言葉の中にもっと深い意味が込められているように思うのです。

うまい人のパットは、インパクトの音が毎回同じです。パットはフェースの芯で打つことが一番大事ですから、五感を働かせなくてはなりません。

「パットに型なし」ともいいますが、ストロークの軌道が少しアウトサイドインでもインサイドアウトでも、あるいはダウンブロー気味に当てようとも、毎回同じ音を出せるようなストロークを心がけることがとても重要なのです。

大半のゴルファーはインパクトの音は聞こえていても、意識して「耳で聞く」ということはしていないでしょうし、耳で聞く練習もしたことがないのではないでしょうか。

パットが苦手な人は視覚的にボールを見ていても、結果に先に意識が行くためボールをしっかりと見切れていません。

インパクトはボールとフェース面の衝突です。目で見てストロークするよりはインパクトの音を意識してストロークすると、案外芯に当てやすいものです。

インパクトの音を聞こうと思えば、自然に目線のズレがなくなるということです。

「打つ、結果を見る」だけではなく「打つ、聞く」。それからボールを目で追っても全然遅くはありません。

「打つ、見る」の繰り返しでは「入る、入らない」の結果に意識がいってしまうために、ヘッドアップが起こりやすくなります。

とくに構えたときにカップが視界に入るショートパットにおいては「打つ、聞く」をしっかり心がけましょう。

ゴルフが変わる
名言のまとめ

「インパクトの音を意識して聞こう」

結果ばかり気にすると、ストローク中に目が泳いでしまう。音をしっかり聞くことを第一に考えれば、フェースの芯に当てやすくなる。

ゴルフが変わる

名言・6

ゴルフは、ゴロフ

——青木功

●青木功　あおき・いさお
1942年8月31日生まれ。千葉県出身。64年にプロ入りし、尾崎将司《おざきまさし》、中嶋常幸《なかじまつねゆき》とともに「AON時代」を築いた。83年にハワイアンオープンで日本人男子初の米ツアー制覇など、日・米・欧・豪の世界4大ツアーで優勝する快挙を達成。レギュラーツアー、シニアツアーを含めて世界中で80勝を超える。

上げようとか意識せずにロフト通りインパクトすればよい

青木功プロは「アプローチの鉄則は、転がせる状況なら徹底して転がすことだ」と明言しています。

「できるだけゴロを打て」という青木功プロの教えは、コースマネジメントの話と思われるかもしれませんが、その言葉の奥には「ロフトを活かして打つ」とか「クラブに仕事をさせる」といった要素も含まれているように思います。

ゴルフの聖地、リンクスは風が強いですし、地面も硬いため、現地のゴルファーたちはまずボールを無駄に上げません。

グリーンの外からでもパターを使って転がすアプローチも多用しますし、パター自体がテキサスウェッジと呼ばれているほどです。

リンクスで行われる全英オープンの経験も含めて、青木プロの「ゴルフはゴロフ」という名言が生まれたのでしょう。

ところがアベレージゴルファーの多くはボールを上げたがる傾向があります。アプローチウェッジで打つときも、すくい上げようとしてインパクトで右手首が手のひら側に折れてしまいがちです。

結果的に円弧の最下点がボールよりも手前にきてしまい、ダフったりトップしたりで安定しません。

なかなか100が切れず、アプローチに悩んでいるとしたら、クラブはアプローチウェッジでもピッチングウェッジでも構いませんから、まずはグリーン周りからはボールを上げようとせずに、転がすイメージで打ってみてください。

転がす意識で打てば、思った以上にボールが上がってくれることがよくわかります。ロフトがボールを上げてくれることを正しく理解してこそ、「ゴルフはゴロフ」の名言が生きてくるのです。

コースでは8~9番アイアンなどで低く転がすのもいいですが、練習場ではロフト角が一番多いサンドウェッジを使い、しっかりグリップが先行してヘッドを引っ張り、インパクトする練習が効果的です。

米ツアーの実力者、フィル・ミケルソンはボールをあまり転がさずに、高く上げてピンの真上から落とすロブショットをよく打つことで知られます。でも、打ち方はまさしくゴロフです。

フェースをうんと開いて85度くらいのロフトで構え、インパクトではハンドファースト気味にとらえて80度くらいのロフトで打っています。

高く上げるアプローチだって、基本はゴロフなのです。

ゴルフが変わる名言のまとめ

「アプローチはすべてゴロフだ」

徹底して転がす意識を持てば、ロフトが仕事をしてくれることが理解できる。ロブショットなど高く上げるアプローチにも当てはまる。

ゴルフが変わる

名言・7

ゴルファーはハンディキャップの数だけヘッドアップするのよ

――岡本綾子

●岡本綾子　おかもと・あやこ
1951年4月2日生まれ。広島県出身。大和紡績ソフトボール部のエース兼4番打者として71年の和歌山国体で優勝。その後ゴルフに転向し、74年プロ入り。以降は目覚ましい活躍で日本女子ツアー44勝。米女子ツアーに参戦してからも17勝をあげて87年には賞金女王を獲得した。

クラブへの意識がない人はヘッドアップしやすい

岡本綾子プロの言葉はまさしく名言で、ヘッドアップはロングショットだけでなく、アプローチやパット、とくに短いパットに起こりやすい現象といえます。

そして岡本プロが指摘するように、多くのゴルファーはヘッドアップの数だけミスショットをしているのです。

ところで「ヘッドアップ」の正体が何であるかを考えたことはあるでしょうか？

ヘッドアップには幅広い意味があって、インパクト前に顔が早く目標を向く、頭が目標方向に流れる、上体が起き上がる、などの症状を指していますが、すべては悪い意味でヘッドアップしてしまっているところに問題点があるのです。

「ヘッドアップしてはいけない」とか「頭を残さなくては」などと気にしていてもヘッドアップがなかなか改善されない方は、クラブのエネルギーが悪い方向へ働いているために体が起こされてしまっているのです。

クラブへの意識を持たず、体ばかり先に行こうとすることで、クラブヘッドの円弧を壊してしまうのです。

ひと昔前に世界中のゴルフファンに知られたアニカ・ソレンスタムやデビッド・デュバルは、インパクト前に顔が早く目標を指すタイプでしたが、ふたりの選手のように体が起き上がっていないヘッドアップなら構いません。

「ルックアップ打法」とも称されましたし、体の回転を促進する上では効果的といえます。

バックスイングはこうしよう、ダウンスイングはこうしよう、などと体の動きばかりを考える人ほど、悪い意味でのヘッドアップは起こりやすくなります。

これを解消するには、「クラブが主役で、自分は脇役」という意識を持つことがとても大切です。

ハンマー投げではありませんが、クラブヘッドを先に進ませようと思えば、体はつねにクラブが進もうとする方向と逆側に力が働きやすくなります。

顔は目標と反対側を向いていても、クラブが先に行けばいいのです。

ドライバーなどのロングショットにもいえますが、短いパットで目がボールを追ってしまいやすいのは体が流れるからです。

そのためにパターヘッドが出て行かず、フェースとボールの衝突が不安定になりがちです。

インパクトのイメージをしっかり持てるようになりますと、パターヘッドがしっかりと出てカップインしやすくなります。

クラブを主役とした動きをマスターするためにも、もう一度自分のスイングを見直しましょう。

ゴルフが変わる
名言のまとめ

「クラブが主役で、自分は脇役だ」

ヘッドアップしてしまうのは自分でクラブを振ろうとするからだ。クラブヘッドを活かしてスイングしようとする人はヘッドアップなんてしない。

ゴルフが変わる
名言・8

左手はハンドル、右手はエンジン

――戸田藤一郎

●戸田藤一郎 とだ・とういちろう
1914年11月22日生まれ。兵庫県出身。18歳で関西オープン優勝。39年に24歳の若さで日本オープン、日本プロ、関西オープン、関西プロに勝ち、当時の年間グランドスラムを達成。「鬼才」といわれた名選手。84年7月11日没。

右手は正しくリリースできれば、力を入れてもOK

戸田藤一郎プロの「左手はハンドル、右手はエンジン」は、『モダン・ゴルフ』の著者で知られるベン・ホーガンもそれと近いことを語っています。

スイング面で考えると左手がハンドルということは方向性をつかさどる役目を負うわけで、エンジンである右手は飛ばしのパワーの原動力ということになります。

ところが右利きの人であれば、飛ばしには右手の力が絶対に必要だと誰でもわかっているのに、右手がリキんでしまうと左手の動きを阻害するから右手にはあまり力を入れないほうがいいとか、逆に左手のほうは右手に負けないくらい力を入れるのがいいといった教えもあります。

ゴルフスイングにおける「腕に力を入れる」ということを私なりに説明すると、腕相撲のように筋肉を硬直させるのではなく、空手の正拳突きやボールを投げるスローイングのように腕を回旋させる動きを指すのです。

右腕で真正面にパンチを出しますと、右ヒジから先が自然に内旋します。内旋とは自分から見て反時計回りの動きですが、これはフェースターンをスムーズに行うための正しい動きになります。

しかし、左腕も同様に真正面にパンチを出すと、左ヒジから先が内旋します。この場合は自分から見て時計回りの動きとなります。

右手と左手に一緒に力を入れると、その結果としてグリップの中で内旋同士となり、力がどっちつかずでケンカしてしまうことになるため、グリップの減速やスイングの円弧の崩壊につながりやすいのです。

右腕が正しく動いていれば、右手に力が入っても一向に構いません。

でも、左腕は右腕の内旋と同調して、左ヒジから先を自分から見て左側へと外旋させないといけませんから、力を入れすぎないようにしましょう。

ハンドファーストインパクトを作り、スイング軌道の最下点を安定させるには、左腕を外側に回しやすい環境を作ってあげることが大切です。

左手は円弧で考えれば、リード役の手です。そのための「左手はハンドドル」なのです。

ゴルフが変わる
名言のまとめ

「左手には力を入れない」

正しいフェースターンを実行するには、左腕と右腕を連動させて左側に回旋させることが大切なポイント。そのためには左手をリキませないようにしよう。

ゴルフが変わる

名言・9

飛距離はもって生まれたもの。
逆らっては自分のスタイルが
確立しない

――宮本留吉

●宮本留吉　みやもと・とめきち

１９０２年９月25日生まれ。兵庫県出身。日本のプロ第一号の福井《ふくい》覚治《かくじ》について修業し、23歳で３人目のプロとなる。日本オープン６度、日本プロ、関西オープン、関西プロ各４度の優勝など数々の記録を残している。クラブ作りにも精通していたことで知られる。85年12月13日没。

大事なのは飛距離よりもボールコントロールだ

ゴルフに生涯を捧げ、後世のゴルファーたちにこの名言を残してくださった宮本留吉プロ。160センチ、50キロの体は今ではかなり小柄といえますが、日本オープンを6度も制した名プレーヤーです。

「持って生まれたものに逆らっては……」という言葉は宮本プロだからこその名言でしょう。

私なりに吟味すると、この言葉は「自分のできないことに時間をかけるよりも、できることに多くの時間をかけたほうが早くうまくなりますよ」ということを暗示したメッセージではないでしょうか。

アベレージゴルファーにとって、練習の時間は有限です。プロたちのように練習に多くの時間を費やすことはできないでしょう。

それなのに飛ばしたいという気持ちが先行して、クラブを思い切り振り回す練習に終始している人が多いと思います。

私のゴルフコーチの立場からいわせて頂くと、スイングの習得にはまずスイングの円弧の形成が重要なポイントです。

今のスイングのままでも、体力や筋力が現状維持でも、円弧さえ安定すれば自然とミート率が上がります。

円弧が安定していないのに飛ばそうとしてクラブをどんなに速く振ったところで、余計に芯に当たらないのです。


そこで、右腰の高さくらいから左腰の高さくらいまで振るハーフショットの練習で、スイング軌道の安定を目指しましょう。

私はこれを「南半球の円弧の形成」といって、インパクトゾーンの練習を多くのゴルファーの方々に推奨しています。

円軌道を安定させて、かつヘッドスピードを上げやすくするには、素振りでスイングを覚えるのが一番です。

ボールを打つ練習でも、ゆっくりスイングして芯に当てることはそれほど難しくはないでしょう。

こうして芯に当たる感覚をつかんだら、スピードを徐々に上げていけばいいのです。

ポイントはグリップを強く握らずに、手首を柔軟に使ってスイングすること。しっかり振り切った上で芯を食えば、自分の最大の飛距離が得られます。

ゴルフが変わる名言のまとめ

「練習は自分のできることからやろう」

体力や筋力にすぐれているわけでもないのに、「飛ばしたい」と最初から振り回してばかりいては効果が薄い。自分のできることに専念し、少しずつ飛距離を伸ばしていこう。

ゴルフが変わる

名言・10

グリップに始まって、
グリップにたどり着く。
それがゴルフですよ

――清元登子

●清元登子 きよもと・たかこ
１９３９年6月15日生まれ。熊本県出身。24歳でゴルフを始め、日本女子アマ３勝など活躍。73年のトヨトミレディスで、女子ツアー史上初のアマチュア優勝。35歳でプロ転向後、ツアー7勝。指導者としても不動裕里《ふどうゆうり》ら賞金女王３人を育てるなど大きな功績を残した。２０１７年9月16日没。

ゴルフのうまい人ほどクラブを管理しやすいグリップを知っている

ベン・ホーガンにしても、ボビー・ジョーンズにしても、往年の名手ほどグリップについて多くを語っています。

いかに手のひらのフィーリングでフェースを管理するか。インパクトエリアでのリリースを含めて、いかにフェースをコントロールするか。

手はクラブと接する唯一のパーツですから、グリップはそれだけ繊細な感覚が重要であって、鈍感なグリップでは勝負にならないということです。

練習場ではいつでも平らな場所で打てますが、ゴルフコースは平らな場所なんてほとんどないも同然です。

地球に対して、つまりボールのライに対してクラブでどのような円弧を描くかをイメージしなくてはなりません。

さまざまなライに対応するには、手の感覚がとても大事なわけです。

清元登子プロもグリップの重要性を誰よりも痛感していたからこそ、「グリップに始まって、グリップに終わる」という名言を残してくださったのだと思います。

それなのに多くのアベレージゴルファーは、グリップに無頓着すぎます。

名手たちのグリップを見ても両手の握り方はさまざまです。どんな握り方でも構わないのですが、グリップでしかフェース面をコントロールできないことは必ず頭に入れておいてください。

卓球でいうドライブやカットのようにフェースを閉じたり開いたりして、自分の中でボールをコントロールしやすい握り方を見つけて頂きたいと思います。

それでいてクラブヘッドが可動しやすく、手首を柔軟に使えるようにするのがポイントです。

グリップを強く握っても手首を動かせるのならいいですが、手首が使えないようではいけません。

クラブをグルグル回してみて、手首を使いやすい自分なりの適切な力加減をつかんでください。

グリップは両手を握る形も大切ですが、クラブをコントロールしやすいグリッププレッシャーがより重要なのです。

ゴルフが変わる
名言のまとめ

「手首を柔軟に使えるグリップが大事」

手首が稼働しにくいグリップやルーズな握り方はＮＧ。スイングがおかしいなと感じたら、自分のグリップをもう一度見直そう。

ゴルフが変わる
名言・11

頭はスイングのバランスの中心である

――ジャック・グラウト

●ジャック・グラウト
1910年3月24日生まれ。米国オクラホマ州出身。ジャック・ニクラスが10歳のときに初めて出会ったゴルフコーチとして知られる。ニクラスの生涯の師であり、父親が亡くなった後は父親代わりの存在でもあった。89年5月13日没。

体の軸をしっかり形成、意識することが大切

ジャック・グラウトは「帝王」ことジャック・ニクラスにとって唯一無二の先生であり、ゴルフの基礎をニクラスに徹底的に教え込んだことで有名な方です。

頭は体の中心ですが、クラブを振る動きを体の全体で考える人は、体の中心がスイング中、左右にズレてしまいやすくなります。

その点、頭が無駄に動かずに軸がしっかりできている人は、クラブの円弧をイメージでき、体を正しく動かしやすくなるのです。

ニクラスが10歳の頃、グラウト先生はニクラスの頭のてっぺんを押さえて、クラブを思い切り振らせたそうです。

猛練習の結果、ニクラスのスイングは頭が固定されて軸が定まり、全身を大きく使えるようになったのです。

テークバックでアゴを右に回すチンバック、バックスイングで左カカトを大きく浮かせ

るヒールアップ、ダウンスイング以降で左足への体重移動や素早い腰の回転、そして体が弓なりに反るような逆C型のフィニッシュ。

ニクラスのダイナミックなスイングは、体の中心を固定しているからこそ可能なのです。

クラブを持たずに、壁におでこをつけてアドレスの姿勢を作り、シャドウスイングをしてみてください。

頭が動かなければ肩甲骨や腕、手首などほかの部位を稼働させないと腕が振れませんし、スイングにならないことがよくわかります。

頭を固定すれば軸が安定するわけですが、体の動きが制限されてしまう場合は頭が動いてももちろん構いません。脊柱《せきちゅう》を軸として考えるのも有効ですので、ツアー選手も多少は左右に動きます。

軸がしっかり意識できれば、体の全部を正しく動かしやすいというのが理にかなった解釈の仕方だと思います。

逆に手や腕がガチガチで使えない場合、頭を大きく右、左と動かさないとクラブが振れないのです。

歳を重ねて体の稼働域が制限されてきますと、体が思うように回転できなくなることでしょう。

そこを無理に回そうとすると上体が左右にスエーして肩甲骨が稼働しにくく、体の回転量がますます少なくなることが考えられます。

年配のゴルファーの方々は、壁におでこをつけてグラウト先生のコーチを受けているつもりでシャドウスイングの練習をすることにより、自分の体が動きやすくなる可能性がありますし、効率よく動かすコツがつかめることと思います。

ゴルフが変わる
名言のまとめ

「頭を止めて、体を大きく動かそう」

頭はスイングの中心部。額を壁につけてシャドウスイングすると、頭を止めておけば体の動きがすべてよくなることが体感できる。

ゴルフが変わる

名言・12

ゴルフは所詮ベタ足の手打ちだ

――青木功

●青木功　あおき・いさお

１９４３年８月31日生まれ。千葉県出身。日本を代表する世界的なプレーヤーとして名を残した。２００４年には日本人男子として初の世界ゴルフ殿堂入り。13年に日本プロゴルフ殿堂入り。24年３月には16年からつとめた日本ゴルフツアー機構の会長を退任。

土台を安定させてクラブを振り、ボールに回転をかけるのがゴルフ

ゴルフの本質をとらえていて、とても重要なことを多くのゴルファーに伝えている名言だと思います。

青木功プロほど、「クラブをどう動かせば、こういう球が打てるのか」ということを深く考え、追求している人は他にいないでしょう。

クラブに仕事をさせて、クラブに勝負させるために、つねにイメージを働かせているのです。

「ベタ足」とは両足のカカトを地面から浮かせないようにして、下半身の動きをなるべく小さく抑えることです。

青木プロの考えは、スイングの土台である下半身を止めておけば土台がぐらぐらせず、大切なクラブの円弧を手で形成しやすいということです。

「手打ち」は青木プロらしい表現ですが、要は「手の感覚を大事にしましょう」ということです。

青木プロに限らず、ボビー・ジョーンズやベン・ホーガンら昔の名手たちはグリップの重要性を説いています。

どうしてグリップが大事かというと、手の感覚でフェースをコントロールし、球を打ち分けているからです。

フェードやドロー、高い球や低い球などの打ち分けも、最終的には手の感覚がモノをいうのです。

ところがレッスン書の多くは、「一番器用な手をなるべく使わないように」という表現がよく用いられています。

体が主体で、手が脇役みたいな考え方に移行している傾向があり、そのために体ばかり回そうとして肝心の手が使えず、腕もしっかり振れていないパターンに陥りやすいのは危険だと思います。

よく考えてみてください。「手を使うな」なんていっているスポーツが他にありますか？

卓球などは手を使わないと、ボールがどこに飛ぶかわかりません。ゴルフだってフェース面をコントロールして球筋を打ち分けるのですから、手を使わないとゴルフにならないわけです。

全身を効率よく使うのが大事ですが、手の感覚はそれ以上に大切なのです。

ゴルフが変わる
名言のまとめ

「ゴルフは手や腕が主役だ」

フェース面を使ってボールをコントロールし、狙ったターゲットに運んでいくのがゴルフだ。手がクラブをコントロールするのが正解で、手の感覚を大事にしよう。

ゴルフが変わる

名言・13

非常に早いバックスイングをする者に一流のプレーヤーはいない

――ダイ・リース

●ダイ・リース

1913年3月31日生まれ。英国ウェールズ出身。第二次世界大戦中に活躍した名プレーヤー。後にライダーカップ（昔の英米対抗戦）のキャプテンを5度つとめるなど貢献した。83年11月15日没。

バックスイングは「準備動作」であって「目的」ではない

ダイ・リースの名言の後には、「ヘッドのスピードは必要だが、バックスイングのときには、まだその必要はないのだ」という言葉が続きます。

これはバックスイングにおけるテンポの話で、アベレージゴルファーの皆さんも、「バックスイングはゆっくり上げましょう」と教えられたことと思います。

ところがプロたちのバックスイングでは、クラブをゆっくりと上げているように見えるプレーヤーでも、実際は結構速いのです。

バックスイングのテンポはゆっくりがいいのか、速いのがいいのかが論点となりそうですが、極論はどちらでも構いません。

リースの名言はかなり昔から知られていて、そのために現在はバックスイングがゆっくりすぎる人が増えたともいえますし、一方でクラブの軽量化が進んだ影響からバックスイングが速すぎる人も増加したといえるでしょう。

スイングの目的とは、ダウンスイング以降でクラブヘッドを走らせてボールをヒットすることにあります。

運動でいえば筋肉を縮めて、一気に伸ばしてパワーを放出するイメージです。

バックスイングはその目的を達成するための「準備動作」ですから、バックスイングだけが大事なわけではありません。

バックスイングばかりを重視しては、自分本来のテンポやリズムを見失ってしまいがちです。

リースの名言を紐解くと、「バックスイングでスイングが終わるわけじゃないよ」「バックスイングは力もスピードもいらないよ」ということに行き着くのではないでしょうか。

トップとフィニッシュの間を往復させる連続素振りを繰り返してみてください。自分がクラブを気持ちよく振れる感覚やスピードがわかるはずです。

または、インパクトバッグをクラブや棒などで叩く練習も効果的です。インパクトバッグがなければ布団などを丸めたものを叩いてみてください。

そのときのバックスイングがあなたにとっての最適なバックスイングといえます。そこから自分なりのバックスイングのテンポやリズムをつかんでください。

ゴルフが変わる名言のまとめ

「バックスイングを深く考えすぎない」

バックスイングがわからなくなったら、連続素振りを繰り返すのが一番だ。自分に合ったバックスイングのテンポやリズムがつかめる。

ゴルフが変わる

名言・14

フォロースルー自体はボールの飛行と何ら関係ない

――アーノルド・パーマー

●アーノルド・パーマー
1929年9月10日生まれ。米国ペンシルベニア州出身。米国を代表するスーパースターとして活躍。メジャー7勝を含むプロ通算95勝をあげた。赤、黄、白、緑の4色のロゴマークが特徴のアーノルド・パーマーブランドも有名。2016年9月25日没。

キレイなフィニッシュがナイスショットの決め手ではない

「フィニッシュはナイスショットのバロメーター」とか「結果がミスショットでもいいからフィニッシュをしっかり決めなさい」などと、とにかくフィニッシュさえキレイに決めればスイングが自然に安定するという話をよく耳にすることと思います。

実際、アマチュアゴルファーの多くはフィニッシュのカタチを気にしますし、私のスタジオに来てくださっている方々も「フィニッシュが大事ですよね？」と口にします。

確かにそれも一理ありますが、ゴルフスイングというのはインパクトまでの動作が大事です。

クラブをいかにキレイに振り抜いていくかよりも、ボールをいかに正確に打ち抜くかが重要です。つまり、インパクトまでが勝負なのです。

フォロースルーはインパクトまでの動きの延長であり、フィニッシュはその動きの結果と考えましょう。

アーノルド・パーマーは独特のハイフィニッシュでよく知られていましたが、この言葉を通して「フォロースルーやフィニッシュはそれほど重要ではないよ」ということを多くのゴルファーに伝えたかったのではないでしょうか。

ボールをいかに強く、正確にヒットするかを身上としていたパーマーらしい名言だと思います。

私はスイングで悩んでいる方々には、インパクトバッグをクラブで思い切り叩く練習を勧めています。

小さいボールがうまく打てないと、フェース面をボールに丁寧に当てに行く動きになりやすいですし、フィニッシュまでキレイに振ることばかり考えても、インパクトへの意識が希薄になりやすいのです。

フィニッシュを大事にするのもいいですが、肝心なのはインパクトです。

「スイング」よりも「ヒット」。インパクトバッグを叩くくらいのイメージで、スピードを緩めずにパワーをマックスに持っていくことです。

ゴルフスイング本来の目的を忘れないことが大切です。

パーマーのように「ボールを思い切り打ち抜く」気持ちになれば、いろいろな悩みがいっぺんに吹き飛んでいくでしょう。

ゴルフが変わる
名言のまとめ

「ボールを思い切りよく叩け」

ゴルフスイングはインパクトまでの動きが肝心だ。フォロースルーはインパクトまでの動きの延長であり、フィニッシュはその動きの結果にすぎない。

ゴルフが変わる
名言・15

フォワードプレスは
スイングの反動
または弾みをつけるもので、
スイングの一部である

――チック・エバンス

●チック・エバンス
１８９０年７月18日生まれ。米国インディアナ州出身。１９１６年に全米オープンと全米アマで優勝した名選手で、アマチュアゴルファーの鑑と称された。75年に世界ゴルフ殿堂入り。１９７９年11月６日没。

スイングの始動は「静から動」ではなく「動から動」と考えよう

「ゴルフは難しい」。これはゴルファーなら誰もが実感していることでしょう。難しい理由はいくつかありますが、一番は「ボールが静止している」という点に尽きます。

卓球やテニスなど他のスポーツでは、自分のほうに向かってくるボールに対して「反応」や「反射」で動くことができます。

動いている対象物に対してタイミングを合わせればいいわけです。

ところがゴルフの場合、ボールが最初から止まっているのでタイミングが取れません。自分でアクションを起こし、リズムを作らないといけないのです。

多くの人が「テークバックでどこから動かしたらいいかがわからない」と口にしますが、これも反応の起こし方を知らないためです。

そこでチック・エバンスの名言のように、フォワードプレスがとても重要となります。

フォワードプレスは静の状態のアドレスから体をスムーズに動かし出すためのキッカケ作りであり、タイミングを整えるためのものです。

フォワードプレスのやり方は人それぞれで、アドレスの姿勢からグリップ、または右ヒザを目標側に軽く押し込んで元に戻しながらテークバックを始動したり、両足で軽く足踏みを繰り返し、重心を右足に乗せると同時にクラブを動かし出したりするのが広く知られています。

ジャック・ニクラスのようにアゴを右に回すチンバックを合図にテークバックをスタートする方法もいいでしょう。

「今から運動を始めるよ」という具合に、「静から動」ではなくて、「動から動」へとスムーズにアクションを起こすためのスタートボタンのようなもので、うまい人たちはフォワードプレスを無意識のうちにできています。

バックスイングが苦手な人は、アドレスを静とイメージしすぎていることも考えられます。
スイングの始動を滑らかにするためにも、是非フォワードプレスを取り入れてみてください。

ゴルフが変わる名言のまとめ

「動からスイングをスタート」

うまい人たちは自分なりに反動を利用して、テークバックをスムーズに始動させている。アドレスで体が硬くなってしまう人は、フォワードプレスを取り入れて自分でリズムを作ってみよう。

ゴルフが変わる

名言・16

半端なゴルファーほど、自分のスイングについて語りたがる

――戸田藤一郎

●戸田藤一郎　とだ・とういちろう
1914年生まれ。兵庫県出身。39年に24歳の若さで当時の年間グランドスラムを達成。「トイチ」のニックネームで知られた名プレーヤー。プロ通算30勝。84年7月11日没。

感覚も大事だがスイングを物理的側面からも考えよう

自分のスイングを語り合うのも、ゴルフの楽しみのひとつでしょう。

ゴルフ仲間と一緒にスイング論を交わすうちに夜が更けてしまったと、笑うに笑えない話もよく耳にします。

スイングについて語るときは、ゴルファー個々の感覚がかなり入ってくるものです。しかも自分のスイングを語りたがるほど、自分の成功体験によって自分のやり方が一番正しいと思い込んでしまいがちです。

「オレはこうだから、こうなんだよ」と自慢話を延々と続けて自己満足に浸ることもいいですが、上達がそこで止まってしまうことにもなりかねません。

ゴルフのスイングにはクラブをどう操るべきかの物理的な原理・原則があって、ゴルファーが実行すべき基本的な動きは本来ひとつしかないのです。

そこにゴルファー個々に感覚の違いが生じるのは当然起こりうることで、自分が正しいと思い込んでいる人の感覚は万人には当てはまらないのです。

名手も含めてほとんどのゴルファーは自分の感覚のみを語ります。レッスンも含め、いってみれば「感覚表現大会」のようなものです。

それらは他人にとって合う場合もありますし、まったく合わない場合もあります。

一時代を築いた戸田藤一郎プロのスイングはとても個性的で、独特の感覚や感性の持ち主のように見えましたが、おそらく戸田プロは多くのゴルファーに次のようなことを、忠告として伝えたかったのだと思います。

「一流ほど動きがシンプルだから、多くを語らないだけだよ」と。

感覚がスイングを支配するわけではないという思いもあったのでしょう。

ゴルフの上達には感覚面も大事ですが、物理的な側面でスイングを考えることがより重要です。

「ゴルフにゴールはない」といっても過言ではないのですから、どんなにうまくいってもすぐに結論を決めつけずに、ゴルフを奥深く追求してはいかがでしょうか。
どこまで行ってもインパクトの物理のみで、あとはゴルファー個々の自由です。ゴルフの奥深さを知るほど、ゴルフがますます面白くなることでしょう。

ゴルフが変わる
名言のまとめ

「わかったと思うな」

自分の感覚論に酔いしれる人ほど、上達のチャンスを多く逃しているといっていい。感覚的にうまくいっても、すぐに結論を決めつけないことだ。

ゴルフが変わる
名言・17

グリップは手だけのものではない

――ウォルター・ヘーゲン

●ウォルター・ヘーゲン
1892年12月21日生まれ。米国ニューヨーク州出身。メジャー11勝の歴代3位の記録を持つ往年の名プレーヤー。生涯アマチュアで通したボビー・ジョーンズと同世代にプレーし、プロとしてのキャリアをまっとうした。1969年10月6日没。

両足で地面をしっかりグリップし、足裏の感覚を敏感にする

　グリップは体とクラブをつなぐ唯一の接点です。それゆえに両手を正しく握ることの重要性を、どのレッスン書も説いています。

　ところが、ウォルター・ヘーゲンは「グリップは手だけのものではない」と語っています。

　これは「足にもグリップがある」という意味でしょう。「大地をグリップするように」という表現もしばしば使われます。

　下半身はスイングの土台です。スイング中に足元が無駄にふらふらしては体のバランスが保てず、クラブヘッドの軌道が乱れてさまざまなミスショットを引き起こしてしまいます。

　両足をまったく動かさないくらいまで下半身をコチコチに固めるのもよくありませんが、アドレスで誰かに背中を押されても倒れないくらいの下半身の安定感は必要です。

ヘーゲンの名言を通して、私から多くのアベレージゴルファーに伝えたいのは、「足の裏で感じましょう」ということです。

クラブは手で握り、腕を振るのですから、手の感覚が絶対に必要です。手の感覚でクラブをコントロールするのです。

足もそれと同じで、足の裏でその場所の微妙な傾斜とか、バンカーなら砂の硬さなどを感じ取って頂きたいのです。

フェアウエイからのショットで、3度くらいのちょっとした傾斜でも普通に打ったらダフってしまうケースが少なくないですから、打つ前に両足の裏の感覚を研ぎ澄ませましょう。

また名手たちはパットを打つときも、足の裏でグリーン面の傾斜をキャッチしています。グリーンを読むときは目だけで見るのではなく、足の裏でも感じ取ることが大切です。グリーンの傾斜が読みにくいときは、目をつぶったほうが体で感じやすくなります。

ヘーゲンの名言はとても奥が深くて、スイングの技術面だけではなく、コースマネジメント面においても重要なことを説いていると思います。

ゴルフが変わる
名言のまとめ

「両足の裏で感じよう」

目で見るよりも両足の裏の感覚を研ぎ澄ますと、フェアウエイやグリーン上の傾斜を感じ取りやすい。スイング面だけでなく、マネジメント面にも役立つ。

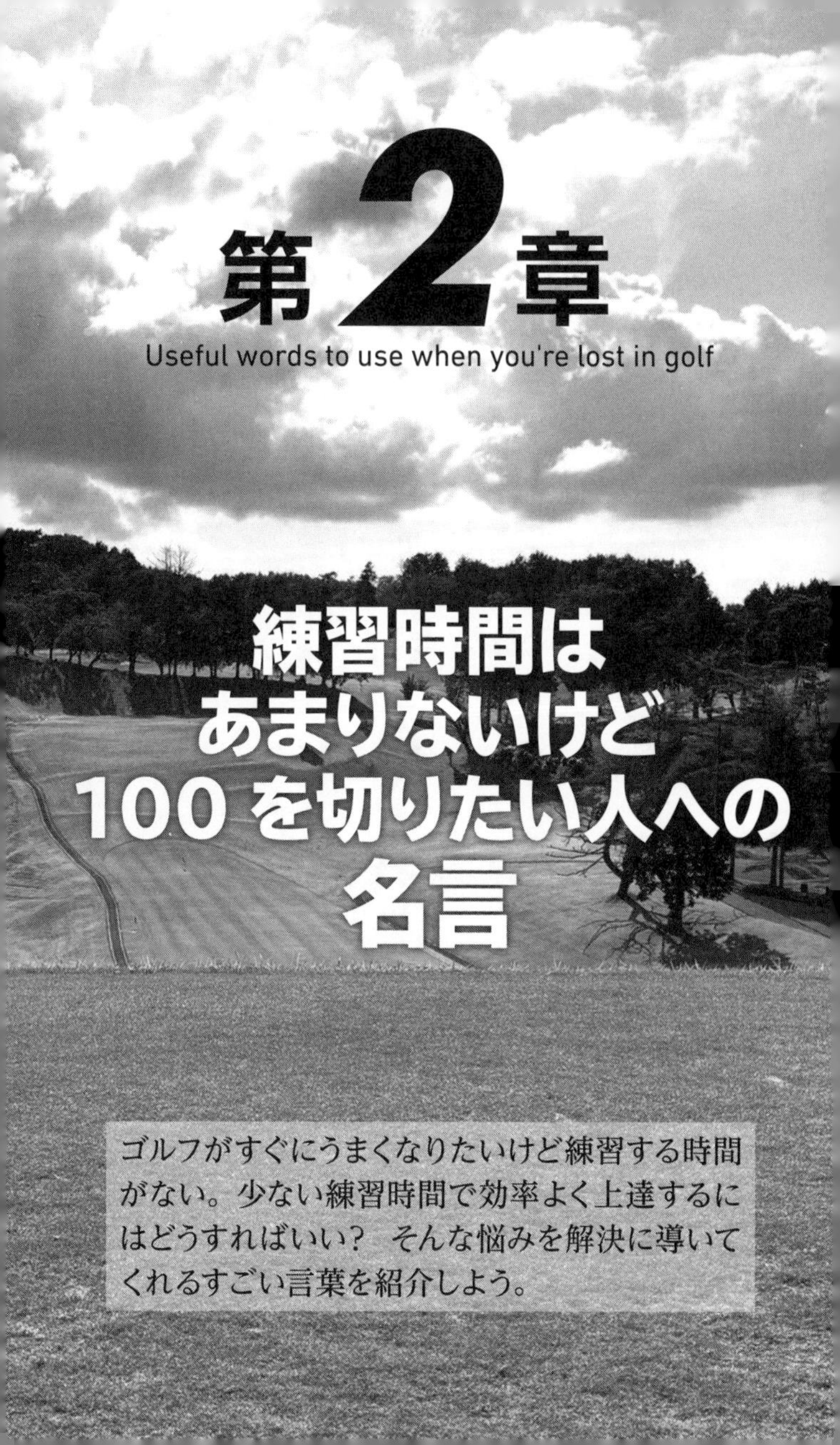

第2章

Useful words to use when you're lost in golf

練習時間はあまりないけど100を切りたい人への名言

ゴルフがすぐにうまくなりたいけど練習する時間がない。少ない練習時間で効率よく上達するにはどうすればいい？　そんな悩みを解決に導いてくれるすごい言葉を紹介しよう。

ゴルフが変わる

名言・18

ゴルフは単純なのだが、ただそれを知るまでに時間がかかる

――ベン・ホーガン

●ベン・ホーガン

1912年8月13日生まれ。米国テキサス州出身。11歳で地元のゴルフ場でキャディを始め、31年に19歳でプロになる。以降メジャー9勝を含むUSPGAツアーで64勝をあげた。著書の『モダン・ゴルフ』は現在でも世界中のゴルファーのバイブルとしてあまりにも有名。97年7月25日没。

「失敗の記憶の蓄積」がゴルフを難しくしている

一般のアベレージゴルファーがよく口にする「開眼したぞ！」。ゴルフがうまくなりたい一心で練習に励み、いい感じがつかめてナイスショットが続けて打てるようになった。

「これだ！」という好感触が大きな自信を生み、コースに出ても好スコアを出せた。「ひとつ前進したぞ！」と自信が確信につながったと思いきや、次のラウンドでまた大叩きして、「こんなはずじゃ……」と失望してしまう。

開眼したはずの自分のチェックポイントを疑って、練習場で違うことをやっているうちにまた好感触が得られた。

「今度の開眼は本物だぞ！」と喜んだのも束の間。再度ラウンドして自信を喪失してしまう。開眼は決して悪いことではないのですが、実は大半のゴルファーがこうした「偽物の開眼」に翻弄されています。

ベン・ホーガンの「ゴルフは単純なのだが、ただそれを知るまでに時間がかかる」という言葉にゴルフの持つ摩訶不思議な要素がよく表れていると思います。

同時にホーガン自身も、アマチュアゴルファーと同じように苦悩の連続であったことを示唆しているように思えてくるのです。

ゴルフは、ある意味では「失敗の蓄積」といえます。成功よりも失敗の記憶が次から次へと重なってくると、ゴルフはどんどん難しくなってしまうのです。

話は少しそれますが、ホーガンの人生はまさにドラマチックなものでした。

１９４９年の2月、36歳のときに自動車事故に巻き込まれて、瀕死の重傷を負ってしまいました。

しかし事故から11カ月後に奇跡的にトーナメントに復帰し、痛めた片足を引きずりながらも51年と53年のマスターズ、53年の全英オープンなどメジャー6勝をあげたのですから、まさに超人です。

本来スイングに複雑な動きは必要ない

タイガー・ウッズも悲劇的な自動車事故から立ち直ってトーナメントに復帰したのはとても喜ばしいことですが、プロゴルファーとして再起不能とまでいわれたホーガンが不死鳥のように蘇ることができた理由はどこにあったのでしょうか。

重傷を負ったのですから、体の自由は利かなかったはずです。

体が動かせるところと動かせないところ、そして自分のできることとできないこと。

これを見極めた結果、「自分のできることをやろう」という心境になれたのではないでしょうか。

ホーガンはケガをする前からスイングの完成度が高く、1946年の頃には「スイングの不変性に対しての不安はなくなった。少しの基本さえ確立していれば、たとえ不調の日でもいいスコアを出せる自信がある」と語っていたそうです。

大ケガから立ち直れたのも、スイングの原理・原則を既に会得していて、体の自由があまり利かなくてもこれだけのことをしておけば大丈夫だという確信があったからでしょう。

ホーガンの名言からは、「ゴルフって本当は単純でいいんだよ」という呟きが聞こえてきそうです。

「あれやこれやといろいろなことをして、随分と遠回りしたけど、結局は何をしても大して変わらないのだ。ゴルフスイングは案外シンプルが一番なのだよ」と言い聞かされているようです。

ゴルフスイングは追求すればするほど、深みにはまりやすいものです。

クラブという道具を使ってボールを打つだけなのですが、腕や手がどうにでも動きますから、あれこれ試してみたくなります。結果、迷路から抜け出せなくなるのです。

アベレージゴルファーの多くは、もっとうまくなりたい一心で理論をたくさん詰め込もうとします。

でも理論を蓄積すれば必ずうまくなれるということではなく、下手すると失敗の蓄積を重ねるだけに終わりかねません。

それよりも無駄な知識を捨てることが大事だと思います。知識と失敗の蓄積が、手かせ足かせになっているのです。

鎧《よろい》をひとつずつ脱いでいくように、自分にとって必要ない知識を剝いでいきましょう。

スイングを追求し、試行錯誤を繰り返しながら上達していくのも悪いことではありません。

でもスイングで大いに悩んでいるとしたら、進むべき道がわからないとしたら、一度頭の中をリセットしてください。

そして、難しいことをやろうとしすぎていないかを自問自答してみてください。

ゴルフが変わる
名言のまとめ

「スイングはシンプル・イズ・ベストだ」

スイングをあれこれいじったり、いろいろなことを試したりしているとスイングの本質を見失って迷路にはまりやすい。迷ったらスイングをできるだけ単純にとらえてみると、案外スイングの原理・原則に行き着く。

ゴルフが変わる
名言・19

誰でもシングルになれる。教え魔に出会わなければ

――ヘンリー・コットン

●ヘンリー・コットン
1907年1月28日生まれ。英国ロンドン出身。34年、37年、48年と3度の全英オープン制覇を果たした英国の英雄。「マスター」とも呼ばれ、多くの名言を残した。87年12月22日没。

当てる動作ばかり教わっている人は一生悩みを解決できない

ヘンリー・コットンの名言はいい得て妙で、ゴルファーのスタイルは良かれ悪しかれ最初の1週間で作られるものだといわれるくらいに、ゴルフは始めたときが重要です。

よくあるのが新入社員たちが先輩や上司に練習場に連れられて、ゴルフを教わるケースです。

大抵の人は、最初は空振りしてしまうでしょう。ボールが当たらず、ゴロばかり打っていると、「ボールをよく見ろ」「足を動かすな」「下半身を止めておけ」などいろいろなことを教えられます。

親切に教えているつもりが、実はありがたくない教え魔たちのせいで、本来あるべき「クラブを振る」という動作から、「当てに行く」動作に切り替わってしまいます。

ゴルフの場合、ボールが小さいですし、フェースの面も狭いのでしっかりと当てるのが難しいのは当然のことです。

ところが当てに行く動作は、インパクトに向かってクラブヘッドを減速させることになります。

上達のためにスイング論を学習するのも大事ですが、しっかりと当てようとしていろいろな縛りを作ってしまうのは逆効果です。

ゴルフスイングは1・5秒か2秒のごく短い時間にすぎません。頭で「ああしよう、こうしよう」と考えても到底できませんから、自分のやるべきことをいかに少なく抑えるかが大切です。

私の場合、初心者の方にはボールの代わりにインパクトバッグをクラブで叩く練習からスタートして頂き、次の段階としてソフトボール大の軟らかいボールを打つ練習へと移ります。

大きめのボールならゴルフの経験のない人でも結構当たりますし、クラブがしっかり振り切れますから、スイングの基本動作が早く身につきます。

始めのうちはトップしても、空振りしてもいいので、まずは「振る」ことが大切なのです。

不幸にも当てることを最初に教わってしまった人は、ボールに合わせに行くクセを早いうちに直しておきましょう。

プロたちのようにクラブヘッドの遠心力を活かしてスイングする感覚をマスターするには、連続素振りや、長いクラブやゴムホース、シャフトがフニャフニャに軟らかい練習器具などで素振りするのも効果的です。

ゴルフが変わる
名言のまとめ

「振る」ことを先に教わった人はシングルになれる。

初めに教わったことで、その人のゴルフ人生が決まるといっても過言ではない。上達の肝はクラブヘッドの遠心力を活かしてしっかりスイングすることだ。

ゴルフが変わる

名言・20

練習を重ねるたびに運気が上がる

――アーノルド・パーマー

●アーノルド・パーマー
1929年9月10日生まれ。米国ペンシルベニア州出身。メジャー7勝を含むプロ通算95勝をあげた米国を代表するスーパースター。「アーニーズ・アーミー」と呼ばれる熱烈なファンも多かった。2016年9月25日没。

「練習はウソをつかない」ともいうが、練習の仕方を間違えないこと

とてもシンプルで、わかりやすい名言です。アーノルド・パーマーほどの誰よりも強いスーパースターでも、陰で人一倍以上に練習に励んでいたのでしょう。

一流のプレーヤーほど、他人の見ていないところで相当の努力をしているというエピソードをよく聞きますが、おそらくパーマーもそのひとりだったはずです。

ここで勘違いのないように説明しておきますが、パーマーのいう「練習を重ねるたびに運気が上がる」というのは、練習の仕方を間違えないことが大前提となります。「練習の仕方×練習量（時間）」が肝心であって、練習の仕方がとんでもない方向に行っていると、結果がなかなか望めません。

今はユーチューブを含めてスイング論の情報がたくさん入ってきますし、どんな練習をしたらいいいか迷ってしまう人も多いことでしょう。

私が感じたことを率直にいわせて頂くと、スイングのカタチばかりにこだわる人は上達が遅れます。
ドライバーばかり練習して、アプローチの練習をしない人もなかなかうまくなれません。ティアップして打つドライバーも、地面の上のボールを打つアイアンも、そのクラブの軌道に合った場所にボールをセットするだけでいいのに、スイングをガラッと変えてしまうのもよくありません。

練習の効率を上げるには、まず「円弧の形成」からスタートしましょう。素振りからでも構いませんから、自分のスイングしたクラブの残像を眺めてみることから始めてください。
徐々にクラブヘッドの軌跡が見えてきて、スイングの円弧が安定してくると思います。この繰り返しの作業によってスイングの反復性や再現性が高まり、ナイスショットの回数が増えてきます。

1球ずつでなくても3球1セットでいろいろなクラブを交互に打つというやり方もいい

でしょう。
クラブが何であれ、スイングのメカニズムには大きな違いがないことを理解し、正しい方向で練習を積んでおけば成果は必ず表れます。

ゴルフが変わる
名言のまとめ

「正しい練習を積んでこそ運が開ける」

練習の仕方を間違えると、どんなに努力しても成果は出ない。ティアップしたボールと、マットの上のボールを交互に打つなど、正しい練習をチョイスすることが大切だ。

ゴルフが変わる

名言・21

悩む時間がもったいない。打ち続けると答えが見つかる

――中村寅吉

●中村寅吉　なかむら・とらきち
1915年9月17日生まれ。神奈川県出身。日本オープン3勝、日本プロ4勝などレギュラーツアー通算25勝。シニアツアー通算12勝。57年に霞ヶ関CCで開催されたカナダカップ（現ワールドカップ）に小《お》野《の》光一《こういち》とともに出場し、個人優勝と団体優勝を達成。樋口《ひぐち》久子《ひさこ》、安《やす》田《だ》春《はる》雄《お》ら多くのプロを育てた。2008年2月11日没。

何も考えずにクラブを ひたすら振る練習も大切だ

中村寅吉プロが現役の頃は、今と比べるとスイングに関する情報がとても少なかったし、スイングを撮影するビデオもありませんでした。

情報が少ない中ではボールをひたすら打って体で覚えるしかなかったわけで、今のプロたちとは打ち続けるレベルが全然違っていたと察します。

ボールを打ち続けていると、自分の意志からくる動きや筋力などで支配するところから、クラブの遠心力がスイングを支配する域に達してきて、クラブの重さを感じることの重要性が体でつかめてきます。

つまり、ゴルフスイングはクラブが「主」で、体は「従」であるべきことがわかってくるのです。

ところが大人になってからゴルフを始めた人たちは、自分の腕や手を含めた体の部分でクラブをコントロールしようとします。体を「主」として、クラブを支配しようとばかり考えます。

試行錯誤しながらの練習も必要ではありますが、ときには何も思考を入れずに、ただクラブの動きや重さを感じる練習をすることが大事だと私は思います。

ゴルフの場合、思考が入りすぎるとリキミが入って体が硬くなりやすく、クラブを感じにくくなります。

ボールを打ち続ける。あるいは素振りをずっと続ける。そうすることでクラブと体の主従関係が逆転してきます。

体が疲れてきて余分な力が抜けたときのクラブに振られている感覚こそが、いいスイングの可能性が高いのです。

打球練習や素振りをする時間があまりない人は、肩やヒジ、手首などの関節を柔軟に使ってスイングすることを心がけてみてください。

クラブの重さが感じられるくらいにグリップを柔らかめに握り、左右対称に連続素振りをしてみてください。目をつぶって素振りをするのも非常に効果的です。

トップとフィニッシュの間を往復させる素振りを繰り返すことで、体の動きのバランスがよくなり、スイングの円弧が確実に安定してきます。

練習場でボールを打つ回数が少なくても、この素振りを続けていれば上達を実感できるはずです。

そして中村プロが多くのゴルファーに伝えたかったスイングの答えが体感できることでしょう。

ゴルフが変わる名言のまとめ

「思考を捨ててクラブを感じよう」

疲れを感じて力が抜けてきたときの感覚に上達の大きなヒントがある。これを早く体感したければ、15パーセントくらいの握り圧でスイングするといい。

ゴルフが変わる

名言・22

練習場ではあなたを
トラブルに陥《おとしい》れるクラブを使え。
あなたを満足感で
うっとりさせるクラブでなく

――ハリー・バードン

●ハリー・バードン
1870年5月9日生まれ。英国チャンネル諸島出身。全英オープン6勝は歴代1位。全米オープンも1勝をあげている。オーバーラッピンググリップを編み出したことでも知られる。1937年3月20日没。

クラブに得意や苦手があっても スイング動作は一緒

ハリー・バードンの言葉は、私の見解からすると「苦手なものを多く練習しなさい」ということでしょう。

これには賛否両論があって、得意なクラブをたくさん練習することで自信をつけるという考え方もいいと思います。

トップクラスの選手たちの多くは一番安心できるクラブで多くの球を打ちますし、とくにスタート前の準備練習ではそれが当てはまります。

ゴルフのスイングは不思議なもので、ドライバーとウェッジでは体に感じる感覚がまったく違います。

でも実際はクラブによってボールの位置が変わるだけで、スイングの動作は一緒です。ところが多くのゴルファーは違うクラブに持ち替えると、スイング動作まで変わってしまいがちです。

ウェッジでは上から打ち込もうとするのに、ドライバーを持つと急に下からあおるような打ち方をしてしまうパターンがその典型です。

9番アイアンはしっかりと打てるのに、5～6番アイアンになるとうまく打てないという人も多くいますが、9番アイアンが打てるなら本当はスイングの基本が身についているはずです。

5～6番アイアンが打てないのは、構えたときの視覚的感覚によってしゃくり打ちになるという具合に、クラブによって動作が変わってしまっているのです。

そうした傾向のある人は、苦手なクラブを多く練習したほうがいいともいえますが、苦手なクラブで違った動作になるのでは練習するたびにどんどんスイングを壊してしまう危険性があります。

それでしたら得意なクラブと苦手なクラブを1球ずつ交互に打つ練習がいいでしょう。

ドライバーで打った後にウェッジで打つなどして、クラブによって感覚が違っても同じスイング動作で振れるようになれば、どちらもナイスショットが打てるはずです。

ドライバーは当たるけどフェアウエイウッドが当たらないという人も、こうした練習法が最適といえます。

ゴルフが変わる名言のまとめ

「自信をなくすだけの練習は避けるべし」

苦手な練習もしっかり練習すべきだが、得意なクラブの練習も取り入れると効果的。ドライバーとウェッジを交互に打つ練習などで感覚のギャップをなくし、同じ動作で打てるようになろう。

ゴルフが変わる
名言・23

ゴルフの80パーセントは頭脳でプレーされ、筋肉でプレーするのは残り20パーセントである

――ジャック・バーク

●ジャック・バーク

1923年1月29日生まれ。米国テキサス州出身。3歳でクラブを握り、19歳でプロになる。56年のマスターズ、全米プロで優勝。指導者としても手腕を発揮し、多くの名言を残している。101歳を迎える直前の2024年1月19日に亡くなった。

「球遊び」の感覚で曲げて打つ練習こそ大事だ

アベレージゴルファーの多くの方は、フェアウエイの中央に向かって球を真っすぐ打とうとします。

「いいスイングをすれば、いい球が打てる」と信じ込んでいるわけですが、それは当たる確率の低い宝くじのようなもので、体を正しく動かしていいスイングをしたからといって結果がよくなるとは限らないのです。

ジャック・バークのいうように、ゴルフはコースマネジメントやメンタルなど思考面が8割を占めていて、筋肉でプレーするのは2割にすぎません。

ということは、頭脳をいかに働かせるかがとても重要になります。

プロや上級者たちは、いいスイングをしていい球を打とうという発想以前に「どこを狙って、どんな球を打つか」というゴルフ本来の目的を忘れません。

ゴルフクラブという道具を使って、ボールにどんな回転をかけて、どのくらいの強さでヒットするか。

そうした思考を持たないとゴルフがうまくならないことを、バークの名言から読み取って頂きたいと思います。


フェース面の使い方は、大きく分けると卓球でいう「ドライブ」と「カット」のふたつしかありません。

ドローを打ちたいときはドライブでいいのですが、スライスが出やすいカット軌道がダメなわけではありませんし、グリーン周りからのアプローチでは状況に応じてドライブとカットを使い分ける必要性が出てきます。

どんな回転をかけて、どんな球を打つか。曲がり幅や高低をどうコントロールするか。ゴルフは「球遊び」のようなもので、イメージを働かせることがとても大切です。


セオリーといわれていることの逆をやってみるのも必要と私は思います。あえて逆球を打ってみるのもいいのです。

セオリーと真逆のことをしてみることで多くの発見が得られますからぜひ、試してみてください。

体の動かし方ばかり先に考える人はなかなか上達しません。「こんなスイングをしたから、こんな球が出た」という発想ではなく、「こんな球が打ちたいから、このようにクラブを扱おう」という視点でスイングを考えてください。

人間は目的が明確になれば、正しい動きを自然にするものです。そこを理解すれば、おのずと練習の仕方も変わってくるはずです。

ゴルフが変わる名言のまとめ

「どんな球を打つかのイメージを働かせよう」

ゴルフは「球遊び」だ。どこを狙って、どんな球を打つかをイメージしよう。筋肉はそれを遂行する手段にすぎない。

ゴルフが変わる

名言・24

名手はパターでスイングを作り、へぼゴルファーはドライバーでスイングを作ろうとする

——小針春芳

●小針春芳 こばり・はるよし

1921年4月24日生まれ。栃木県出身。16歳で地元の那須ゴルフ倶楽部に就職し、キャディをしながら腕を磨いた。日本オープン2勝、関東オープン、関東プロでも各2勝をあげている。2019年4月19日没。

飛ばすだけの練習ではターゲットへの意識が希薄になりやすい

16歳からゴルフを始めたという小針春芳プロ、第二次世界大戦中は兵隊として召集されて、20代のほとんどは戦争でゴルフができなかったそうです。ニューギニア遠征時には400人の部隊のうち生き残ったのが13人。そのひとりが小針プロだったと聞きました。

激動の時代を乗り越えて再びプロゴルファーとして復帰し、数々の栄冠を手にした小針プロの言葉は実に含蓄に富んでいます。

技術的な側面から話をしますと、パットからゴルフの練習をすれば「コンタクト感覚」、つまりインパクトの感覚を早く覚えやすいのです。

さらにパットはカップに入れるのが目的ですから、ターゲット意識が明確になります。

このようにゴルフはパットや短い距離のアプローチから先に覚えると、ターゲット意識が早く身につきます。

ところがドライバーの練習に終始しているとスイングが大きく速くなりますので、飛ばすことばかりに意識がいって、ターゲット意識が希薄になりやすいのです。

「どこを狙って、どんな球を打つか」という発想になかなかつながらないわけです。

小針プロがいうように、スイングを構築するためにはターゲットの意識が絶対に欠かせませんし、パットやアプローチのような小さいスイングから始めることでターゲットとクラブへの意識が生まれやすいのです。

パットならボールがフェースの芯にきちんと当たっているかどうかのチェックがしやすいですし、それによってボールがターゲットに向かってどう進んで行くかの結果も確かめられます。

ボールをカップに入れるためのストローク軌道やフェース使いも覚えられます。

アプローチのスイングも同様です。そしてフルスイングは、アプローチスイングの延長でもあります。

ゴルフクラブという道具の扱い方を覚え、技術が磨かれますので、突き詰めればパットの練習を多く積むということは、フルショットを安定させるための練習ともいえるのです。

ゴルフが変わる
名言のまとめ

「スイングに悩んだらパットの練習をしよう」

パットはターゲットへの意識が明確になるだけでなく、スイングのメカニズムやフェースコントロールを理解しやすいという利点がある。

ゴルフが変わる
名言・25

スライスはいつでも打てる。だからフックを打つ練習をしなさい

――陳清波

●陳清波 ちん・せいは
1931年10月1日生まれ。台湾出身。59年に東京ゴルフ倶楽部に所属し、同年の日本オープン優勝。切れ味のいいダウンブローのショットで一世を風靡した。日本オープンなど通算13勝。78年に帰化し、日本名は清水泰行。

行き詰まったときは真逆のことをしてみると、新しい発見が得られる

私の師匠でもある陳清波プロのこの名言は、多くのアマチュアゴルファーにとって有益なアドバイスになることでしょう。

ゴルファーの多くはスライサーで、フックが打てるようになったら一人前。昔からそんなふうにいわれたものです。

ゴルフクラブが偏重心の構造上、いわゆるスクエアグリップに握っている人の多くはどうしてもフェースが開いて当たりやすく、それがスライスを生み出しています。

ジャック・バークの名言23でも述べましたが、ゴルフクラブの構造上、フェースの使い方は極論すれば卓球でいう「カット」と「ドライブ」のふたつしかありません。

スライスしてしまうのはボールを逃がすようにカットに打っているからで、スライスを直したければその真逆をやってみることから発見が生まれるのです。

昔、フックに悩んでいた青木功プロが師匠の林由郎《はやしよしろう》プロに、「右ヒジを左ヒジよりも高くして構えてスライスを打ってみろ。ゴルフには逆もアリだぞ」と教わったというエピソードを耳にしたことがありますが、陳プロのアドバイスも「ゴルフは逆もアリ」ということを暗示していると思います。

スライスに悩んでいる人は、青木プロの例とは反対に左ヒジを右ヒジよりも高くし、左手を深くかぶせてフックグリップに握る方法もありますが、今回はグリップは今のままでフェースを極端にかぶせて握ってみてください。

これは、フェースを目標よりも左に向けてボールを打つクローズフェースドリルといい、スライスが直らないと悩むゴルファーの方々にやって頂くと一瞬でスライスが止まってしまうほどの効果があるドリルです。

スライスを直すにはフックを打つ練習も有効ですが、それに限らず行き詰まったときは真逆のことをやってみることで道が開けるケースがよくあります。

飛距離が伸びないなら、飛ばさないつもりで軽く振ってみる。ボールが上がりにくいなら、あえて低い球を打ってみる。

グリップの握り方も変えてみるなど、真逆をやることで練習の幅が広がり、新しい発見がどんどん見つかるものです。

ゴルフが変わる
名言のまとめ

「ゴルフには逆もアリ」

スライスが出る人は卓球でいう「カット」の動きになっている。「ドライブ」させるように、フェース面でボールを包み込むイメージで打つ練習をすると効果的だ。

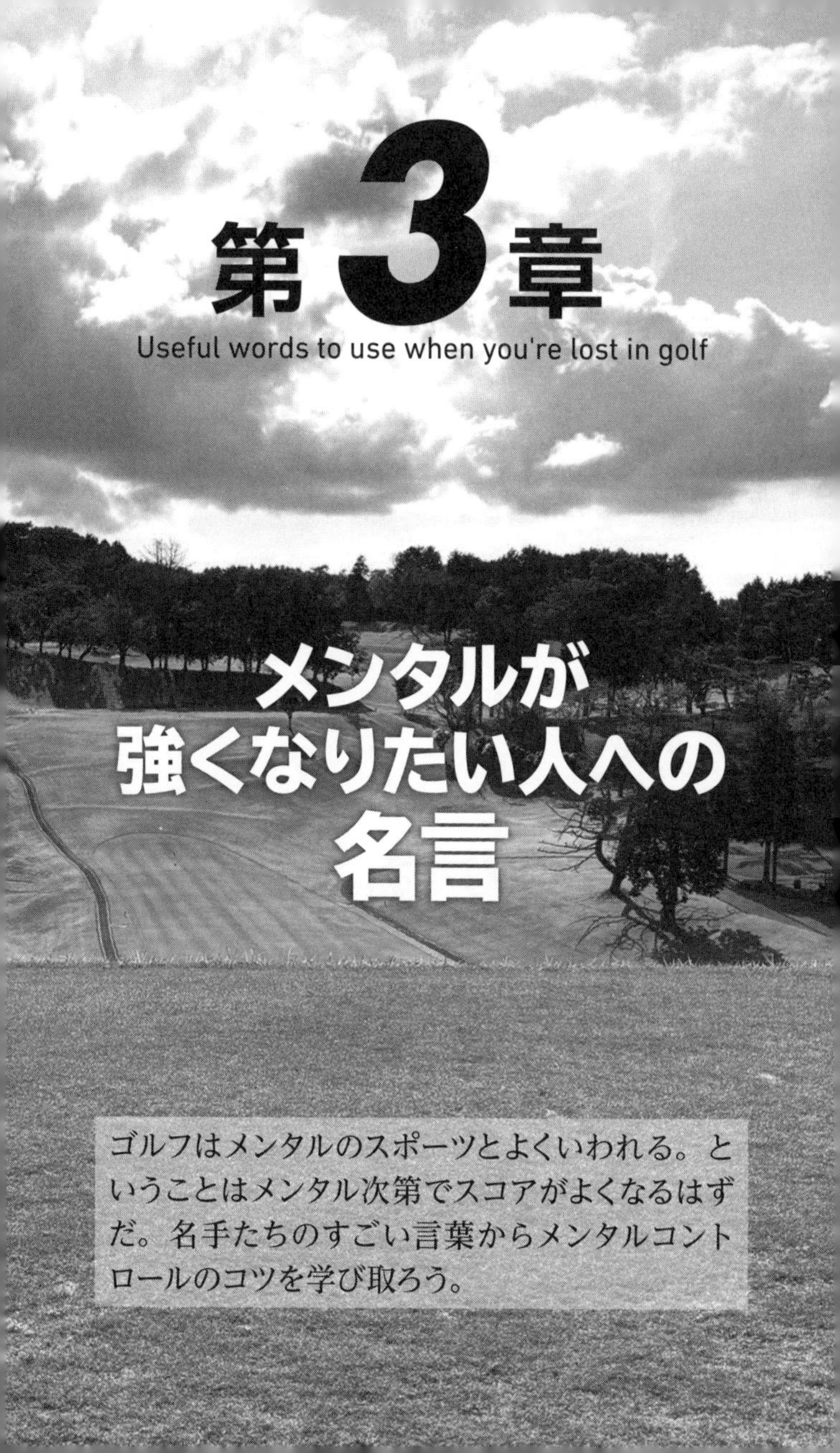

第3章

Useful words to use when you're lost in golf

メンタルが強くなりたい人への名言

ゴルフはメンタルのスポーツとよくいわれる。ということはメンタル次第でスコアがよくなるはずだ。名手たちのすごい言葉からメンタルコントロールのコツを学び取ろう。

ゴルフが変わる

名言・26

ゴルフは5インチのコースでプレーするゲームである。それは耳と耳の間の距離だ

――ボビー・ジョーンズ

●ボビー・ジョーンズ

1902年3月17日生まれ。米国ジョージア州出身。本職は弁護士で、生涯アマチュアを通した。30年に全米オープン、全英オープン、全米アマ、全英アマを制し、ただひとりの年間グランドスラマーとなった。「球聖」といわれ、マスターズの開催コース、オーガスタ・ナショナルGCの創設者として知られる。71年12月18日没。

感情が高ぶったり、闘争本能が働いたりすると思考能力が低下する

ゴルフは「耳と耳の間のゲーム」とよくいわれます。

つまり、ゴルフコースを相手にプレーするには知恵を働かせることが大事というわけですが、これがいかに難しいかは多くのアベレージゴルファーは経験を通して痛感させられていることでしょう。

ボビー・ジョーンズのいう「5インチ」とは耳と耳の間の距離です。1インチとは2・54センチですから13センチ弱ということになります。

それよりも「5インチのコース」という表現をしているところに、この名言の深い意味があると私は思うのです。

ちょっと話が逸れますが、車を運転していて後ろから急に追い抜かれると、普段はとても温厚な人がカッとなることがあるでしょう。

脳科学的にいうと、そのように感情が高ぶると思考能力が低下しやすくなります。ゴル

フプレーも同様で、試合やゲームに夢中になり、闘争本能が働くとＩＱが下がるということが科学的に実証されています。

頭のいい人が絶対にゴルフがうまくなれるわけではなくて、会社では立派な役職についていて周囲からも賢いといわれる人が、ゴルフで熱くなると自分を見失ってしまうケースが少なくないのです。

それは本人に責任があるわけではなく、脳の仕組みがそうなっているのです。

ゴルフは楽しいスポーツですから「嬉しい」「悔しい」などの喜怒哀楽を前面に出すのもいいことですが、感情に走りすぎるのはマイナスです。

スタート前に「あのホールはこう攻めよう」などとマネジメント面で心の準備をしていても、思考能力が低下するとそれを忘れてしまいやすいからです。

ジョーンズの名言を紐解いてみると、広大なゴルフコースを相手にプレーしながら、自分の感情を相手にいかにプレーするかがより重要だということに行き着きます。

だから「５インチのコース」なのです。

思考能力が下がらない頭の訓練は技術と同じくらい必要だ

一般のアベレージゴルファーの皆さんは、自分を大きく変えようと思わなくたって構いません。

闘争本能が働いたり、感情が先行したりすると、思考能力が下がるということを理解しておくだけでも十分です。

「いかに自分の心を落ち着かせるか」とか「いかに自分のプレーをするか」などと考えるようになれば、プレー運びが自然と変わってくるでしょう。

米国のＰＧＡツアー選手たちは脳波トレーニングを実践していて、たとえば２０１５年の全米プロでメジャー初優勝を達成したジェイソン・デイもフォーカスバンドでゴルフ脳を鍛えた成果だと話題になったことがありました。

フォーカスバンドとは頭にヘッドバンドを巻いて、右脳と左脳の活動状況や、どれだけ集中しているかといった自分の脳の状態を可視化でき、フィードバックできるツールです。

5インチのコースでプレーするということは、「右脳と左脳の闘い」でもあるわけですから、フォーカスバンドで左脳と右脳のバランスを適度に保つ訓練をデイは積んでいたのです。

左脳はロジック（論理）、右脳はイメージ（想像）の働きをするといわれます。闘争本能が働いても、思考能力をなるべく低下させないためには、どんな球筋で攻めるかのイメージを組み立てるとか、ターゲット意識を明確にして自分のルーティンワークを丁寧に行うなどを心がけるといいでしょう。

でもスイングのことばかり考えすぎて、コースをどう攻めるかのイメージ作りができない人は左脳に頼りすぎることになり、これはよくありません。

脳をバランスよく使うということは、スコアアップにもつながることを理解してください。自分のラウンドを振り返って、「どうしてあそこでミスしてしまったのだろう」「なんであの場面でドライバーを使ってしまったのだろう」などと悔やまれることがよくあるでしょう。

ラウンドするときはスコアカードにホールごとのスコアを記入するだけでなく、そのホールでどんなことを考えたか、どんな感情になったかも書き込んでみるといいです。思考能力がスコアにどれだけ反映されるかがわかれば、大きな収穫といえるでしょう。最近は乗用カートの画面に各自のスコアを打ち込むスタイルが増えましたが、紙のスコアカードを上手に活用することをお勧めします。

ゴルフが変わる名言のまとめ

「思考が低下しないように感情をコントロールできる人が、強いゴルファーになれる」

ゴルフは「右脳と左脳の闘い」でもある。耳と耳の間の「5インチのコース」を相手に、自分をどうコントロールするかの重要性をボビー・ジョーンズの名言から学ぼう。

ゴルフが変わる
名言・27

ゴルフコースは女性に似ている。扱いようによっては楽しくもあり、手に負えないこともある

――トミー・アーマー

●トミー・アーマー
1896年9月24日生まれ。英国エディンバラ出身。1927年全米オープン、31年全英オープンで優勝するなど活躍した名プレーヤー。マグレガー社でクラブの製作に携わり、「トミー・アーマー」ブランドなど数々の名器を生み出した。68年9月11日没。

うまいゴルファーはコースに対して謙虚に接する心を忘れない

英国の紳士たちは女性に対して、「レディーファースト」の精神で接することを美徳と考えます。

トミー・アーマーの「ゴルフコースは女性に似ている」という言葉はいい得て妙で、まさに英国紳士らしい発想だと思います。

アーマーの名言は単純にいえばコースマネジメントを指していますが、ゴルフコースに不躾《ぶしつけ》な態度で接すると、強烈なしっぺ返しを食らってしまうことを示唆しています。

コースマネジメントの鉄則は、「ゴルフコースに対して、いかに謙虚であるべきか」ということに尽きます。

恋愛感情を抱いている女性をうまくエスコートしたければ、女性に対していかに優しく接するか、そしていかに喜んでもらえるかを熟考するでしょう。

女性を敬い、謙虚な気持ちになることが、コースマネジメントの精神によく似ていることを、アーマーは名言に残してくれたのです。

グリーンまで残り200ヤードで、グリーンの手前に大きな池があるという場面を想像してください。

こんなときは「池越えのロングショットをうまく決めることができたら最高だ！」という思考で、100回打っても1回成功できるかどうかというようなショットを打とうとしがちです。

その一発に賭けて積極果敢に攻めたつもりでも、成功の確率が極めて低いのであれば、無謀な玉砕作戦でしかないわけです。

自分のできること以上をやろうとするゴルファーほど、「自分をよく見せたい」という心理が働きます。

見栄心が丸出しですし、よそ行きのプレーですから、女性同様、ゴルフコースにも相手にしてもらえません。

自分のありのままの姿で接し、誠意をもって自分のベストを尽くせば、相手はほほ笑みかけてくれるかもしれませんよ、ということをアーマーの名言から学び取ってください。

ピンチを招いたら無理せず、一歩引いて態勢を整え直そう

シングルゴルファーたちはOBや池、難しいバンカーなどを徹底的に避けるリスクマネジメントに長けています。

危険なエリアを回避するプレー運びがスコアをうまくまとめるコツであり、いい意味での「ビビリ」の精神が必要なのです。

しかし、美しい女性を前にしてビビりまくり、引いてばかりの委縮した態度で接しても、やはり相手にしてもらえないでしょう。

ゴルフコースもそれと同様で、状況次第では「思い切りよく攻める」ことも大事です。

女性の心を揺さぶるような殺し文句というわけです。

マスターズトーナメントは、百花《ひゃっか》繚乱《りょうらん》という言葉がよく似合うほど美しいオーガスタ・

ナショナルGCが舞台ですが、ある選手がスーパープレーを披露すると、「ここで勝負を決めたから女神がほほ笑んだ」などとよくいいます。

ゴルフコースにはいつも女神が宿っていて、選手たちも「どんなプレーをすれば、ほほ笑んでもらえるか」を考えながらプレーしている。

そう考えれば、コースマネジメントがいかに重要かがわかるでしょう。

出たとこ勝負ではなく、緻密な計算のもとでゴルフコースを謙虚に、かつ大胆に攻めて行く。その成功に女神がほほ笑みを返してくれるのであって、単に自分をカッコよく見せようとするだけでは失敗に終わることが多いのです。

ティショットをレイアップするときも謙虚な気持ちが必要ですし、林からの脱出も強引にグリーンを狙おうとせずに、「ごめんなさい」の気持ちでいったんフェアウエイに戻して次のショットでグリーンを攻めるという具合に、一歩引く作戦も効果的です。

皆さんもこの3打目がうまく打てて、ピンの近くにナイスオンしてパーをセーブしたというケースがよくあるでしょう。

一歩引いて、次で攻めたのが奏功したわけですが、それは奇跡の一打でも何でもなくて、謙虚に攻めた結果に対するご褒美なのです。

私はアマチュアの方々のラウンドレッスンをすることがありますが、一度ミスしたら一度引いて態勢を整え直してから、じっくり攻めましょうねとアドバイスしています。

それはまさに好意を寄せる女性を急がず慌てずに、「じっくり口説きましょうね」とアーマーがいってくれているような感覚です。

ゴルフが変わる名言のまとめ

「好きな人をじっくり口説くように、コースを攻めよう」

コースマネジメントは「レディーファースト」の精神によく似ている。女性を敬い、謙虚な気持ちで接するようにプレーすれば〝ご褒美〟が待っているかも……。

ゴルフが変わる

名言・28

ゴルフでは、怒りは最大の敵である

——ノーマン・フォン・ニーダ

●ノーマン・フォン・ニーダ

１９１４年生まれ。オーストラリア出身の名プレーヤー。全豪オープンで50年、52年、53年と３回優勝し、全豪プロも４回優勝。バードン・トロフィーを受賞した経験も持つ。２００７年５月20日没。

怒ることが悪いわけではない。問題はその後だ

人間には喜怒哀楽の感情があり、そのときの精神状態がゴルフプレーに大きく影響します。

中でも「怒り」は、プレーを自滅に追いやってしまう一番の要因といえるでしょう。ノーマン・フォン・ニーダも若い頃は大変な短気だったそうで、とても興味深いエピソードがあります。

1939年、ニーダがまだ20代だったときに、オーストラリアに初めてやって来たジーン・サラゼンとエキシビションマッチをふたりで行いました。

12番ホールまでニーダがリードしていて、続く13番ホールもニーダはピンまで2フィートのファインショット。一方のサラゼンも3フィートのファインショットです。

ニーダは先輩プロのサラゼンに敬意を表して、OKを出しました。ところがサラゼンも当然OKをくれると思ったら、2フィートのパットを打てといわれたのです。

これに腹を立てたニーダはそのパットを外してしまい、残りのホールも自滅して負けてしまいました。

そんな苦い経験から、それ以降、彼は怒りの感情を封じることにつとめたそうです。

どんなに頭がよくて、知能的にも優れている人でも、怒りの感情が前面に出るとIQが低下してしまいます。

脳思考が停止しては、冷静な判断ができなくなるのです。

前のホールでOBを叩いたり、3パットしたりして頭に血が上ってしまい、次のホールのティショットは刻むつもりだったのが、鬱憤を晴らすかのようにドライバーを思い切り振り回して結果はOB、なんて経験はありませんか？

結局のところ自分への期待が大きいから、自分のミスが許せないのでしょう。

でもゴルフのうまい人たちは、「ミスは出るもの」と考えてプレーしています。完璧を求めていないので、ミスしてもあまり腹を立てないのです。

日本人は怒りの感情を他人に見せるのは、道徳的にあまりよくないと考えがちですが、怒りを心にため込んだままでもいけません。
怒ってはいけないということではなく、怒りをどうコントロールするかが大事なのです。
極論すれば、怒ってもいい。その後が勝負だということです。

ゴルフが変わる
名言のまとめ

「ミスを許容する心を持てば、怒りを抑えられる」

多くのアマチュアゴルファーがスコアをボロボロに崩してしまう一番の要因は「怒り」だ。「ミスして当然」と割り切って、怒りを上手にコントロールしよう。

ゴルフが変わる

名言・29

ゴルフで油断が生まれる
もっとも危険な瞬間は、
万事が順調に進行しているときだ

――ジーン・サラゼン

●ジーン・サラゼン
1902年2月27日生まれ。米国ニューヨーク州出身。マスターズ、全米オープン、全英オープン、全米プロの4大メジャーを制した史上初のグランドスラマーとなった。サンドウェッジの考案者としても有名。99年5月13日没。

プレーが快調な日は最終ホールでの心理変化にとくに注意

ジーン・サラゼンのこの名言は、「ゴルフは人生と一緒だ」と語っているようなもので、メジャー大会7勝を含むグランドスラム達成、プロ通算48勝をあげているサラゼンならではの説得力に満ちていると思います。

これだけ勝ってきた一方で、それ以上に悔しい負け試合をどれだけ経験してきたことでしょうか。

いいときは熱くなって一所懸命にやっていても、ダメになったときは一瞬で崩れ、破滅してしまうものです。

ゴルフは「一寸先は闇」であり、「好事魔多し《こうじま》」なのです。

一般的にもアベレージゴルファーのいい例が、最終ホールを迎えた場面でスコアを計算して、「ボギーでもベストスコアだ」とか「パーで上がればコンペで優勝だ」などと気づいたときでしょう。

スコアのことは考えず無心のプレーで好調を維持できていたのに、スコアが気になり出すとプレーのリズムが途端に崩れてしまいがちです。

土壇場でOBを打ったり、これまでほとんど出なかったザックリやシャンクなどのミスが出たりしやすいのです。

プレーのリズムを最後までキープするのが理想ですが、土壇場にきて自分の心の中に魔がさしてしまうのは人間の心理からすれば当然ですし、決して悪いわけでもありません。それもゴルフの面白さなのですから。

あるプロが口にしていたことですが、最後の10メートルを2パットで入れたら優勝という場面で、ファーストパットを頑張って1メートルに寄せたそうです。

1メートルは絶対に入る距離でもないですし、外したらプレーオフ。「外したらイヤだな」と不安になったり、「絶対に入れなくちゃ」と気負ったりしやすいシチュエーションですが、そのプロは「あー、やっとこれで終われる」としか考えなかったというのです。

結果的にその1メートルのパットをカップのど真ん中から入れて見事に優勝しました。「外したらヤバイ」という気持ちがなく、自分のやるべきことに集中できている。外すイメージが脳内にない状態ですから、「今」に集中できたわけです。
大切なのは「未来への不安」とか「未来への期待」ではなく、「今」というときに己がやるべきこと、己がやれることに集中するということです。

ゴルフが変わる
名言のまとめ

「不安や気負いから、油断は生まれる」

物事がうまく運んでいるときは、とかく気が緩みやすい。自分のできることを最後までしっかりやり通すことを心がけるのが一番だ。

ゴルフが変わる
名言・30

ゴルファーにとってもっとも不適な気質は詩人的気質である

――バーナード・ダーウィン

●バーナード・ダーウィン
1876年9月7日生まれ。英国出身。「進化論」で有名なチャールズ・ダーウィンの孫。ケンブリッジ大学卒業後に弁護士となるが、ゴルフの魅力に取りつかれて世界的なゴルフエッセイストとして活躍。多くの著作や名言を残した。1961年10月18日没。

自分のレベルに合わせて、できることをしっかり実行しよう

バーナード・ダーウィンのいう「詩人的な気質を持つ人」というのは、物事を何でもいい方向にとらえる人のことでしょう。

よくいえば楽観的な人、ちょっと意地悪ないい方をすれば自己陶酔しやすい人といったところでしょうか。

ドライバーショットがフェアウエイのど真ん中に飛んで、アイアンはピンに絡むナイスショット。グリーンに乗らなくてもアプローチがピンそばにピタリ。

詩人的な人はそんなイメージをいつも思い描きますが、私はそんないいイメージを持つことも大事だと思います。

ところが現実のゴルフはまったく逆で、OBや池、バンカーなどのハザードに対して、「いかにビビりながらプレーするか」も大事な要素です。

リスクを避けてプレーすることで、スコアがまとまりやすくなります。

ゴルフは「状況観察のゲーム」であり、ラウンド中に起こっていることを「現実的な目」で観察しながらプレーすることが大切です。

100切りや90切りを目指す人たちは、プロやシングルゴルファーと同じように頑張ってパーを取ろうと考えがちですが、これが詩人的な発想であり、理想論でしかないのです。ハンディ0の人ならパー4ホールは4で上がるのが基準です。でも100の壁を突破したい人の場合は、「18ホールをすべてダボで上がればいい」と考えましょう。

計算通りの全ホールをダボで上がればトータルスコアは108となります。

ところがダボ狙いで安全にプレーしていると、結果的にボギーやパーが取れるチャンスに案外恵まれるものです。

まずは自分のレベルに合わせて、コースをどのように攻めて行くかを考えるクセをつけましょう。

今の自分ができることをしっかりやる。できないことは無理にやらない。

私がお客様によく話すのは「全ホールボギーオンできるようになれば、すぐシングルハンディになります」ということです。まずパーパットが打てるようになればいい。でも皆さん、ボギーで悔しがります。そうではなくて、ボギーオンできたことをもっと喜んで頂きたいのです。

自分の技量をかえりみないで理想ばかり追い求めてもスコアにはならないことを、ダーウィンの名言から学び取ってください。

ゴルフが変わる
名言のまとめ

「自分の思い描く通りにならないのがゴルフだ」

詩人的な発想に走りやすい人は現実が見えなくなり、スコアがまとまりにくい。イチかバチかのゴルフはやめて、自分のレベルに合わせて安全に攻める「現実的なゴルフ」をしよう。

ゴルフが変わる名言・31

ベストを尽くして打て。その結果がよければよし。悪ければ忘れよ

――ウォルター・ヘーゲン

●ウォルター・ヘーゲン
1892年12月21日生まれ。米国ニューヨーク州出身。メジャー11勝の歴代3位の記録を残した名ゴルファー。生涯アマチュアを貫いたボビー・ジョーンズの好敵手でも知られた。1969年10月6日没。

結果を先に考えるよりも、自分のやるべきことをしっかり実行しよう

ウォルター・ヘーゲンがこの名言を残しているということは、彼ほどの名選手でも結果に心が持っていかれて、思い通りのプレーができなかった時期があったのでしょう。

ゴルファーなら誰でもショットやパットを打つ前に結果にとらわれてしまうことがありがちで、そうなると普段やれていることが途端にできなくなります。

「球が曲がったらどうしよう」「このパットを外したらイヤだな」などと打つ前から心が結果に持っていかれては、かえってミスを誘発させてしまいます。

ショットがうまく打てるときもあれば、失敗するときもあります。パットにしても自分が完璧に打てても、グリーンの芝がでこぼこしていたら入りません。

要は結果までを自分でコントロールすることなんてできないのです。結果を気にするよりも、自分の気持ちを整理しておくとか、覚悟を決めておくなど、ボールを打つ前の心構えが肝要です。

「ベストを尽くして打て」という名言は、「結果を考えず、自分のやるべきことをしっかりとやる」ことの重要性を説いているのです。

結果ばかり気にするということは、自分のミスに対して寛容ではない証拠でもあります。ゴルフはミスのスポーツですから、これから打とうとするショットやパットにベストを尽くすのが最優先ですし、調子がよくなくて結果的にミスになっても自分のプレーを許容する心を持つことです。

結果は自分ではコントロールできません。状況判断やスイングなど、自分でコントロールできることだけに集中しましょう。

ヘーゲンは「ほんのしばらくの間いるだけだ。焦るな、くよくよするな。そして、途中の花の匂いを嗅ぐのだ」という名言も残しています。

ダボを叩くと精神的に落ち込んで、そこからボロボロになってしまう人が多いものですが、途中で見つけた花のかぐわしい匂いを嗅いで気持ちを落ち着かせて、ミスのことをきれいさっぱりと忘れましょう。

ゴルフが変わる
名言のまとめ

「結果に心を奪われないのが強いゴルファー」

ゴルフも「人事を尽くして天命を待つ」の心境でプレーするのがいい。ベストを尽くした結果、ミスになっても気にとめないことだ。

第4章

Useful words to use when you're lost in golf

コンペでいいスコアを出すための名言

他人よりもいいスコアで回りたい。コンペに参加するなら優勝を狙いたい。そんな上級志向のゴルファーたちへヒントを送ります。名手たちの言葉だけに説得力は十分。

ゴルフが変わる

名言・32

ゴルフの難しさのゆえんは、
プレーヤーが静止するボールを前に
いかに打つかを思考する時間が
あまりにも多いことに起因する

——アーチー・ホバネシアン

●アーチー・ホバネシアン
米国の心理学者。1960年に『Golf is Mental』を出版したことで知られる。

構えてからの思考は筋肉の硬直やリキミを生む

ゴルフは球技のひとつですが、ある意味、特殊な球技といえます。

野球やテニス、卓球、バレーボールなど他の球技は、自分のほうに向かってくるボールに対して体を反応させます。

うまいか下手かは別にして、自分の本能が自然に働きます。

ところがゴルフの場合は、ボールが最初から止まっているので反応反射が使えません。

自分で体を動かして、静止しているボールに対しての軌道を自分で作らないといけないのです。そこに、ゴルフの難しさがあります。

多くのアベレージゴルファーはボールにきちんと当てたいがために、クラブを構えてから「こうしなくては」「ああしなくちゃ」などと脳が指令を下します。

脳が自分の体に対して叱咤激励しまくるわけです。

ボールを打つ前に自分の体に激しく命令したところで、脳科学からいうとたったの1・

5秒ほどで済んでしまうゴルフスイングに脳からの指令は体に伝わりません。

というよりも脳指令によって体がショートしてしまうだけで、害悪にしかならないのです。

あれこれ考えても頭の中がパニックになりますし、体の筋肉も硬直してしまいます。コーチから教わったことを忠実に実行しようとするのは、練習場で打っているときはいいけれども、コースではなるべくやるべきではありません。


プロやトップレベルのアマチュアたちは、「脳指令＝リキミ」という図式をよく理解していますから、「思考しない練習」をよくやります。クラブを構えたら脳から指令が行かないように、本能的にスイングを始動させているのです。

思考停止によって体がリラックスした状態を保ちやすく、自分の感覚やイメージにまかせてクラブがスムーズに振れるようになります。


自分にとってのチェックポイントは、「バックスイングでゆっくり上げよう」など何かひとつだけに絞り、それもアドレス前の素振りで確認しておくことです。

構えたらスイングのことは何も考えないようにしましょう。どうしても体の動きに意識が向いてしまうようなら、「今日の夕飯は何だろうな?」などと、ゴルフとまったく関係のないことを考えるのもいい方法です。

「ボールに合わせる」動きはゴルフスイングの害悪

ゴルフの経験がまったくない人は、止まっているボールを打つなんて簡単だろうとタカをくくります。

ところが最初はほとんどの人は空振りしてしまいます。当たってもチョロかゴロです。そこから何とか当てようとして、止まっているボールに対してインパクトで合わせに行くような「静止に静止を重ねる動き」に次第に陥ってしまうパターンがとても多いです。

それが間違いの始まりなのです。

ゴルフは止まっているボールに対しての「軌道を作る」作業がとても重要です。

素振りを繰り返して自分の軌道のイメージを明確にするのもいいですし、オートティアップの練習場ならボールを間髪を容《い》れずに打ち続ける連続打ちも効果的です。

私がボールを打つ人の真正面にしゃがんで、マットに置いたボールを続けて打って頂くこともありますが、スイングの円弧が形成されさえすれば、直径10センチ四方の範囲内で1球ごとにボールを置く位置を変えても、大抵の人はちゃんと当たります。

スイングの連続動作によって、自分の軌道が見えてくるからです。

ゴルフの経験が浅いうちはフルスイングしていると、まったく当たらないでしょう。でもスイング的な動きからだんだんアジャストしようとする動きに変わってくるのは、マイナスにしかなりません。

空振りしてもいいから、クラブをしっかり振り切れているほうが円弧は形成されているので、運動としては優れています。

30球くらい続けて打てば、次第に自分の軌道のイメージがつかめてきますから、円弧の上下だけ整えば必ず当たるようになります。

クラブヘッドが空間の中でどう動くかのイメージを働かせて、目の前にあるボールに対して自分の軌道を重ねる気持ちでスイングすることが大切なのです。

また、ゴルフボールの代わりにソフトボール大のゴムボールを打つ練習もお勧めです。ヘンリー・コットンの名言19でも述べましたが、これをしっかりと打ち抜く練習を30分ほどやると、小さいゴルフボールもキレイに打ち抜けるようになります。

「どうやって当てるか」をいつまでも考えていたり、ボールに合わせようとしたりしていては、次のステップになかなか進めず、上達が遅れる一方です。

ゴルフが変わる
名言のまとめ

「構えたらゴルフとは関係ないことを考えてみよう」

止まっているボールに対して「きちんと当てなくちゃ」と脳から指令が下ると、体がだんだん硬直して何もいいことがない。ボールに自分の軌道を重ねる気持ちで、しっかり振り抜くことの重要性に早く気づこう。

ゴルフが変わる

名言・33

風を嫌ってはならない。
風こそはこの上もない
立派な教師だ

――ハリー・バードン

●ハリー・バードン
1870年5月9日生まれ。英国ジャージー島出身。本名はヘンリー・ウィリアム・バードン。全英オープン優勝6回は歴代1位。「モダンスイングの父」ともいわれた。1937年3月20日没。

スピン量が多い人や、すくい打ちになる人は風が大の苦手

ハリー・バードンは往年の名プレーヤーであり、それまで主流だったベースボールグリップから大きな変化へと導くオーバーラッピンググリップの考案者としてもよく知られます。

この握り方は、別名「バードングリップ」ともいわれています。

現在、年間の平均ストローク1位のプレーヤーに送られる「バードン・トロフィー」は、近代ゴルフの幕開けに大きく貢献した彼の名前に由来しています。

バードンが生まれ育った英国は全英オープンに代表されるように、強風がコース内を絶えず吹き抜けていて、多くのゴルファーを悩ませます。

プロたちが「風もハザードのうち」と口を揃えるのも頷けるでしょう。

ところがバードンは、「風を嫌ってはいけない」といい、「風こそ最強の教師である」という名言を残しています。

その真意を探ると、風の強い日は風を利用したり、風とケンカさせたりして球筋をコントロールする必要があるけれども、風とうまく付き合えるようになれる人が、ゴルフが上手になれる人だという点に尽きると思います。

つまり、スピンコントロールができないとゴルフにならないのです。

風を嫌がる人、または風が苦手なゴルファーはボールのスピン量が多すぎて吹き上がったり、すくい打ちになって高く上がりすぎたりして、ボールが風に流されやすい傾向があります。

逆にいえば、風が強い日はスピン量を意図的にコントロールすることが大事ですし、アゲンストの風でしたら、ボールを低く打ち出すことを第一に考えなくてはいけません。

ですからプロたちのレベルでいうと、全英オープンのように強風の日は、むしろスイングがよくなりやすいのです。

高さを出す必要がない。ボールを低く打ち出したい。とすればプロたちがよく口にする「ライン出しのショット」のイメージに近くなるのです。

低い球を打つ気持ちで　プレーすればスイングがよくなる

昔、私の師匠の陳清波プロに教わったことですが、東京ゴルフ倶楽部などの林間コースでプレーするときは、「絶対に左右の木よりも高く打つな。木よりも下に打て」とよくいわれました。

名門の林間コースは立派な高さの木々がホールをセパレートしているとはいえ、当時の私としてはそれほど高いとは思いませんでしたし、木よりも高い球を打って何が悪いのだろうと思ったわけです。

でも木の上の風がどう渦巻いているか予測できないし、木よりも高い球を打つと何が起こるかわからないから、「できるだけ低く打て」ということだったのです。

高い球を打つ必要性に迫られるときはスイングを崩しやすいため、そうした理由からかプロたちは打ち上げの練習場は好みません。できるだけレベルが低く打ち出せる環境で練習すれば、スイングが安定しやすいことを経験で知っているからです。

一般のアベレージゴルファーの多くは、すくい打ちになっているように思います。

自分ではいいスイングをしているつもりでも、ボールがイメージよりも高く上がりすぎて風に流されやすいようでしたら、すくい打ちになっていることを自覚し、低い球を打つ練習をするつもりでラウンドしましょう。


クラブをどう振れば、すくい打ちから脱却し、スイングのレベルアップがはかれるか、そしてクラブの使い方も風が教えてくれます。

さらにいえば、風がまったく吹いていない日よりも、風のある日のほうが集中力を出しやすいものです。

ホールの状況を十分に観察し、コースマネジメントもしっかり考えますから、結果的によいプレーができたというケースがよくあります。

「風がある日のほうが、ゴルフが楽しい」といってのけるプロやトップアマが少なくないのも、そうした理由からです。

風が吹いている日は、自分の本当の実力がはっきりと表れます。自分の長所と短所を見つめ直すためにも、風から謙虚に学ぶ姿勢を忘れないようにしましょう。

ゴルフが変わる
名言のまとめ

「風が吹く日は、うまくなれる一番のチャンス」

風は自分の本当の実力を教えてくれる。できるだけ低い球を打つことを心がけながらプレーすれば、上達のキッカケ作りにもなる。

ゴルフが変わる

名言・34

先のことを考えろ。ゴルフは次のショットをどうするかを考えるゲームである

――ビリー・キャスパー

●ビリー・キャスパー
1931年6月24日生まれ。米国カリフォルニア州出身。メジャー3勝を含むツアー通算51勝。プロ通算では69勝をあげている名プレーヤー。2015年2月7日没。

コースが舞台。ミスしても先のプレーに集中すべし

多くのアベレージゴルファーはOBや池ポチャ、大ダフリ、シャンクなどのミスを発端に大叩きしてしまうと、いつまでもそのミスのことばかり考えています。

次のショットに集中すべきなのに、気持ちを引きずっていて、結果的にミスが続いてしまうことになりやすいのです。

私はアマチュアの方々にラウンドレッスンするときは、「練習場は稽古場、コースは舞台と考えましょう」と、いつも言い聞かせています。

コースが舞台なら、たとえミスしてもどんどん次に進むしかありません。

ミスを悔やんで、「なんであそこで失敗したのだろう？」と自己分析を始めてしまっては、コースを練習場にしているのも同然なのです。

だいぶ前の話ですが、2018年に韓国の平昌で開催された冬季オリンピックのフィギュアスケートで銀メダルを獲得した宇野昌磨《うのしょうま》選手の演技を覚えていますでしょうか？

その宇野選手、フリーの演技の最初のほうで、ジャンプの着地ミスで転倒してしまったシーンがありました。

当の宇野選手はその瞬間に、「あーっ、やっちゃった」という感じで笑顔を見せたのです。でも彼はそのミスを引きずらずに、以降はとても素晴らしい演技をやり切りました。

それが宇野選手のすごいところですし、簡単そうでなかなかできないことです。「やってしまった。どうしよう⁉」という具合にミスを引きずることなく、やるべきことをやり遂げたのです。


ゴルフも同じで、一度ミスしてしまうと、そこでもう終わったと落ち込んでしまう人が多くないでしょうか。

でもコースに出たら一度ミスをしても、前を向いて進んで行くしかないのです。

次のショットを打つまでは、怒ってもいい。落ち込んでもいい。嘆いてもいい。

ゴルフは18ホールズのゲームです。ビリー・キャスパーの教えのように、たとえミスが出ようとも、次のショットをどう打つかをしっかり考えて、前を向くしかない。自分のベストを尽くすしかないのです。

その心がけが途中から態勢を整えるキッカケにもつながります。

ゴルフが変わる
名言のまとめ

「ミスしても前を向いてどんどん進め」

「どうしてミスしたのだろう？」といつまでも悔やんでいないで、気持ちを切り替えて次のショットに集中することが大事だ。

ゴルフが変わる
名言・35

相手にアウトドライブされるのを
気に病むのは、
愚かしい見栄である

――ボビー・ロック

●ボビー・ロック
1917年11月20日生まれ。南アフリカ出身。同国初のメジャーチャンピオンとなり、全英オープン4勝をあげている。パットの名手でも知られ、ゲーリー・プレーヤーら後進のプロたちに大きな影響を与えた。87年3月9日没。

ボールコントロール能力を上げることが、ゴルフで一番大切

ゴルフは上がってナンボです。コンペに限ったことではなく、スコアで勝負するのですから、飛距離よりもボールコントロールのほうが大切です。

飛ばすことばかりを追求していると、スイングが壊れてしまう危険性があります。フルスイングの練習よりも、スリークォータースイングやハーフスイングの練習を多く積んだほうが上達は断然早いし、スコアアップにも直結しやすいといわれるのもそのためです。

でも飛ばしはゴルフの醍醐味ですから、どうしても飛ばしたくなるのはゴルファーの心理として当然でしょう。

ドライバーの調子がよくて相手よりも飛んでいたら気分がいいですし、多くのトーナメントプロたちも「飛ばしはアドバンテージだ」といっているくらいです。

結局、飛ばしは老弱男女を問わず、ゴルファーのロマンといえます。

そういってしまうと、ボビー・ロックの言葉を否定してしまうようですが、要は飛距離の追求の仕方が肝心なのではないでしょうか。

ドライバーで飛ばそうとして、肩や腕に余分な力が入る。結果、ヘッドスピードが上がらない。他人よりも飛ばないと、余計にリキんでしまう。ますます飛ばない。

こうした負の連鎖に陥っている人がとても多いのです。

いいスイングが習得できたら、あとは飛距離は身体で決まるので、自分のやれることのみをやればいいのです。

飛距離はヘッドスピードやボールスピードが大きく影響しますが、スピードを上げるのは「強さ×重さ」ではありません。

「速さ」が必要なので、強さや力よりも、「柔らかさ」が重要です。ゴルフスイングは振り子の円運動ですから、

手首やヒジなどの関節を柔らかく使うことでヘッドスピードが上がり、今のあなたの体力や筋力のままで最大の飛距離をゲットできるのです。

60歳過ぎのゴルファーでも手首を柔軟に使えばスイングにスピードが出てきて、特別に力を入れなくても十分な飛距離を出せます。

「飛ばしたい＝力を抜く」という方程式を、自分の心の中で確立させてください。そして、飛距離よりもボールコントロールが大切なことも忘れないでください。

ゴルフが変わる
名言のまとめ

「飛ばしたければ、力を抜こう」

他人よりも飛ばそうとしてリキんでは、ますます飛ばない。肩や腕をリラックスさせてヒジや手首の関節を柔らかく使えばヘッドスピードが上がる。

ゴルフが変わる名言・36

飛ばないもんはフェアウェイの光ってるとこへ打てばええ

——杉原輝雄

●杉原輝雄　すぎはら・てるお
1937年6月14日生まれ。大阪府出身。62年の日本オープンを皮切りに2008年までにプロ通算63勝をあげる。ツアー制度施行後、25勝したことで89年に永久シードを獲得。50年間にわたって現役を通した。2011年12月28日没。

方向がブレない人は 飛ばし自慢の人にもヒケを取らない

１６０センチの小兵ながら、「マムシ」の異名をとった杉原輝雄プロ。全盛期は青木功プロや尾崎将司プロ、中嶋常幸プロたち１８０センチを超す「ＡＯＮ」の３強にも敢然と立ち向かい、名勝負を繰り広げてきました。

その杉原プロの名言を深く読み解くと、勝負に勝つための自分なりの信念を持つことの大切さを痛切に教えられます。

体が小さかった杉原プロは、当然のように飛距離では太刀打ちできませんでした。その分、ショットの方向性に磨きをかけたのです。

要は「飛ばない選手は曲げなきゃいい」という思考であり、できないことを無理にやろうとするのではなく、自分の長所を伸ばすという現実的でポジティブな考え方です。

杉原プロのプレースタイルは、フェードで曲げてボールコントロールして、狙ったポジションに正確に運んでいました。

「曲げない＝真っすぐ」ではなくて、「曲げない＝球筋のコントロール」として確立してきたので、一流プレーヤーとして長く活躍できたのです。

ちなみにフェアウエイの光って見える場所は芝が順目となります。

トーナメントコースではフェアウエイの芝が順目と逆目によって縦の帯状に見えることがよくあり、鮮やかな緑色に見える逆目とは違って、白く光って見える場所に落とせたらランが10ヤードは多く出ますから飛距離が稼げます。

でも一般営業のコースは必ずしもそうではなく、芝をクロス状に刈っているところも増えています。

杉原プロの真意としては、フェアウエイの芝の光っている場所を狙えというよりも、自分の狙うべきターゲットを明確に決めて、自分のスイングをしっかり遂行しなさいよ、というところにあると思います。

多くのアマチュアは、「飛ばしたい」「でも曲げたくない」という具合に、いつも欲の塊でいっぱいですが、全部を求めると結果が伴いません。

「飛ばないのなら、ボールコントロール、つまり球筋を操ることに集中しなさいよ」というのが杉原プロの教えなのです。

飛距離が出るほうが得なのは事実ですが、飛距離があまり出ない人は方向性を安定させることをテーマに絞った練習をお勧めします。

クラブを短めに持つとか、コンパクトにスイングするとか、自分のスタイルを構築してください。

ゴルフが変わる
名言のまとめ

「ボールコントロールに自信がつけば勝負できる」

「飛ばしたい」と「曲げたくない」のふたつを同時に求めると好結果につながりにくい。飛ばない人は曲げないことに気持ちを集中させよう。

ゴルフが変わる

名言・37

諸君は自分でクラブを選ぶことを学ばないといけない。なぜなら諸君以上に、諸君のスイングをよく知っている者はいないからだ

――ダグ・フォード

●ダグ・フォード

1922年8月6日生まれ。米国コネチカット州出身。55年の全米プロを制し、57年のマスターズでも優勝。米ツアーで63年までに通算19勝をあげ、2011年に世界ゴルフ殿堂入りした。2018年5月14日没。

自分のスイングやプレー運びをもう一度見直そう

ダグ・フォードの名言は非常に奥深くて、一般のアベレージゴルファーの方々にとってはゴルフの座右の銘にして頂きたいくらいです。

ゴルフスイングにおける自分の体の動きというのは、自分が一番よく知っているはずですが、実際にはクラブを振っているときの自分の動作がどうなっているかをわかっている方は、ほとんどいないと思います。

クラブがどのように動いているか。フェース面がどこを向いているか。そうしたことを認識した上での練習が不足しているからです。

私が思うには、フォードのこの言葉は逆に「自分のことをもっとよく知ることが大切です」というアドバイスに聞こえます。

たとえばキャディさんに「残り何ヤード？　140ヤード？　じゃ、7番アイアンね」という具合に、他人まかせのプレーをしていませんか？

ピンまで140ヤードのアイアンショットを打つ場面でいえば、いかにいいスイングをするか、いかにナイスショットを打つかを考えるよりも、グリーン周りの状況を見て、「本当に7番アイアンでいいのか？　8番アイアンで打ったほうが安全ではないのか？」などと自分で考えるべきです。

今は乗用カートのセルフプレーが中心になりましたし、レーザー距離測定器で目標までの距離を簡単に知ることができます。

そんな時代にあって数字で判断するばかりになりがちですが、ゴルファーなら己の五感を駆使して、「コースの匂いを感じる」ことも大切だと思います。

ピンの位置や風向きなどを見て、自分で考えて、自分でジャッジをしましょう。「コース読み」が大事であって、自分で学びながら経験を積んでいかないと上達のキッカケがつかめません。

キャディ付きのプレーなら、クラブ選びだけでなくパットの「ライン読み」にしても、キャディさんに聞いてばかりいないで、自分の目で見て判断し、自分の頭で考えてみましよう。グリーン上のライン読みをすることにより、イメージする能力が上がります。

キャディさんに「2カップ左を狙いましょう」といわれたままにしていてはイメージ能力が上がりません。

「芝の色がこう見えるから、こうじゃないかな?」とか「傾斜がこう見えるから、こう曲がるんじゃないかな?」などと想像力を働かせるクセをつけましょう。

キャディさんが付かないセルフプレーなら、いい意味で自分の力をつけるチャンスだとポジティブに考えるのもいいと思います。

ゴルフが変わる
名言のまとめ

「コースの匂いを感じるクセをつけよう」

キャディさんに頼ってばかりいないで、自分でコースを読み、ラインを読む習慣をつけることが本当の上達につながる。

ゴルフが変わる

名言・38

構えたら3秒で打つ

――倉本昌弘

●倉本昌弘 くらもと・まさひろ
1955年9月9日生まれ。広島県出身。日大ゴルフ部を経て81年にプロ転向。デビュー1年目で4勝をあげて賞金ランク2位。青木功、尾崎将司、中嶋常幸の「AON」と互角に渡り合ってツアー通算30勝を積み上げた。

脳指令に邪魔をさせないために構えたらさっと打つ

倉本昌弘プロの、構えたらさっと球を打ってしまうキビキビしたプレー運びはシニアプロとなった今も健在で、このルーティンは一般のアベレージゴルファーの皆さんには大いに参考になるところです。

ゴルフは特異性のあるスポーツで、考える時間はとても長いのに、スイングはたった1・5秒から2秒のごく短い動作です。

野球やテニスなど他のスポーツは動いているボールに対して反応を起こせばいいのですが、ゴルフの場合は球が最初から止まっているので反応に頼ることができません。どういう球を打ちたいかのイメージによって、自分自身でアクションを起こさないといけないのです。

そのことはアーチー・ホバネシアンの名言32でも詳しく説明しましたが、結果として自分の脳から体へ激しい命令を下してしまいやすいのがゴルフです。

よいイメージは体の動きをコントロールする効果はあっても、「体をこう動かさなくては」とか「クラブをこう上げないと」などと細かい脳指令を下していると、体が硬直してしまうだけで、自分の思い通りにはいきません。

せいぜい2秒にすぎない短い動作を、脳指令でコントロールするなんてできないのです。

倉本プロのようにクラブを構えたら何の思考も入れないで、まるで歩くかのようにさっと打つのが合理的ですし、かえって結果がよくなりやすいものです。

パットもそうですが、「アマチュアの方々に構えたら3秒以内で打ちましょうね」と声をかけると、結構うまくいきます。

カップを見ながら素振りを数回繰り返し、距離感のイメージがつかめたらアドレスして早めにテークバックを開始。考える時間を与えないことで、自分の本能で打てるようになります。

打つ前に考えることは大切ですし、スイングのイメージも打つ前は必要です。

でもそれ以上に脳からの指令を与えすぎずに、自然とうまくスイングできるようになる練習が重要なのです。

練習場で積み重ねたことをコースで試すのですから、「失敗したらどうしよう」などと思考をあれこれと巡らせずに、自分の本能や感性を信じてプレーしましょう。

ゴルフが変わる名言のまとめ

「構えたら考える時間を与えない」

アドレスしてから「こうしよう」「ああしよう」などと考えると体が硬直してしまうだけで、いいことが何もない。

ゴルフが変わる
名言・39

人生にはいくら頑張っても長続きしないことがふたつある。車の後を追う犬と、パー狙いのチップを打つゴルファーだ

――リー・トレビノ

●リー・トレビノ
1939年12月1日生まれ。米国テキサス州出身。メキシコ人の血を引く家庭で生まれ育ち、「スーパーメックス」の異名をとった。63年全英オープンなどメジャー6勝。米ツアー通算29勝のほか、世界で60勝をあげている。帝王ジャック・ニクラスとは対極の好敵手として活躍した。

パーオンは無理でもボギーオンの回数を増やすことを考えよう

いかにもジョーク好きのリー・トレビノらしい言葉だと思います。「車の後を追う犬」とは米国的な表現で、いつまでも無駄なことをしていることの喩《たと》えです。

でも、車に追いつくはずがないのに追いかけ続けている犬はわかりますが、「パー狙いのチップを打つ」のがムダな行為といってはばからないトレビノの真意はどこにあるのでしょうか。

チップとはチップショットの略で、グリーン周りからのアプローチショットのことをいいます。

パー狙いのチップショットということは、その段階ではまだパーを諦めていないことに通じますし、最後まで頑張っているともいえます。

でも残念ながら、パーが取れる確率はかなり低いといわざるを得ません。

よく考えてみてください。ミドルホールでいえばパー狙いのチップは、3打目もグリーンに乗っていないことを意味します。

ボギーオン、つまり3打目でグリーンオンさえしておけば、パーセーブのチャンスはまだまだ残されているということです。


きっとトレビノは、「パー狙いのチップに神経を使うよりは、パーオンはできなくても3打目でグリーンに乗せることに、もっと一所懸命になりなさいよ」ということを伝えたかったのだと私は思うのです。

ボギーオンできないゴルファーは、傾斜地から飛距離を出そうとしたり、林の中から強引にグリーンを狙いに行ったりなど、確率の低い攻めに走りがちです。

イチかバチかの作戦は当たる確率がゼロに近いくじ引きのようなもので、いってみればパー狙いのチップだってイチかバチかに近い心理が働いているわけです。

ショットの練習を積んで正確性を磨くことも大事ですが、パーを取る確率を上げるためにも悪くてもボギーオン、パー4ホールなら3打目でグリーンに乗せる作戦を立てましょう。

パー狙いのチップで苦労するよりも、その前の段階で全力を注げば結果的にいいスコアで上がれる回数が増えてくるはずです。

ちなみに私はお客様に「18ホールのすべてでボギーオンできる力がつけば、シングルハンディになれますよ」と伝えています。

ゴルフが変わる名言のまとめ

「ボギーオンに全力を注ぐべし」

パー狙いのチップショットで苦労するのはムダに等しい。３打目でグリーンに乗せるための作戦をしっかり立ててプレーしよう。

ゴルフが変わる名言・40

斜面のショットでミスするのは、自然の法則を無視して水平のラインと同じショットをするからだ

――ボビー・ジョーンズ

●ボビー・ジョーンズ
1902年3月17日生まれ。米国ジョージア州出身。生涯アマチュアを通した名プレーヤー。30年に全米オープン、全英オープン、全米アマ、全英アマを制し、ただひとりの年間グランドスラマーとなった。71年12月18日没。

自然の法則の無視とは、バランスを考えずに打とうとすることだ

傾斜地からのショットを打つときは、ほとんどのゴルファーは、自然の法則よりも打ち方を先に考えようとします。

ゴルフのレッスン書にしても、「左足上がりはこう打ちましょう」とか「ツマ先下がりの打ち方の基本はこうですよ」などと解説されていて、結果的にそれに縛られてアドレスやスイングが硬くなってしまう人が多いのです。

傾斜地のショットではボビー・ジョーンズが語っているように、自然の法則がとても重要です。

ところが多くのゴルファーはそれ以前に「ライ」（地面の状態）に対して敏感ではないといえます。簡単に申し上げるのなら「観察不足」です。

左足上がりなのに水平に打ち込みすぎたり、左足下がりなのに水平にスイングしようとしてダフったりしていませんか？

ショットの前に必ずやっておきたいのは、自分が打つボールの近くの場所で素振りを繰り返して、そのライに対してのクラブの円弧を形成し、ボールをどこにセットすればスイング軌道の最下点でボールをとらえやすいかを感じ取ることです。

そのためにはクラブヘッドのソールで芝を軽くこする素振りが大事であって、空振りの素振りではあまり意味がありません。

しかし、「傾斜に逆らう」ことがいけないわけではありません。

たとえば山に登るときは自然に前屈みの姿勢になりますし、山を下るときは反対に前屈みにしないで上体を起こし気味にするでしょう。

左足下がりの場合は、「斜面と平行に立つのが基本」といいますが、ゴルフの経験のない人は右ヒザを左ヒザよりも深く曲げて、上体をなるべく真っすぐに保とうとします。

これは本能的に体のバランスを支えようとするためで、急斜面で立ってみるとよくわかります。

結局どうすればいいのかというと、斜面と平行に立つとか、斜面に逆らって立つといけないなどと難しく考えすぎないことです。

目的はボールを打つことですから、傾斜地にきたら自分がバランスを取りやすいと感じられる体勢を作り、その場で素振りを繰り返してクラブの円軌道のイメージをつかんだら、ボールを当てやすいと思える場所にボールを置けばいいのです。

つまり、クラブの動きのほうが大切で、クラブの円弧と斜面を合わせるのが大事だということです。

それがジョーンズのいう「自然の法則を無視しない」ということだと私は解釈しています。

ゴルフが変わる名言のまとめ

「斜面ショットはバランスが最優先だ」

打つ前に芝を軽くこする素振りを繰り返し、クラブの動きを中心に考えればバランスを保ちやすいアドレスやスイングの感覚がつかめる。

ゴルフが変わる名言・41

木よりも高い球を打つな

——陳清波

●陳清波　ちん・せいは

1931年10月1日生まれ。台湾出身。54年と55年に2度来日し、川奈で修行を積む。59年の日本オープンで初優勝。通算13勝。6年連続でマスターズにも出場。『陳清波の近代ゴルフ』の著者でも知られる。プロ通算13勝。日本名は清水泰行。

低い球なら風の計算が必要なく、スコアもまとまりやすい

現在のUSPGAツアープロたちは、高い球をメインにコースを攻める傾向がありますが、彼らは低い球ももちろん打てます。

陳清波プロのこの言葉は、高い球も打てる技術を備えているという前提で、低い球を打つことの重要性を説いています。

陳プロをはじめ台湾出身の選手たちは、もともと風の強い環境下でプレーしてきましたから、風の影響を受けにくい低い球を打つ技術に優れています。

全英オープンのような強風が吹いても、地を這うような低弾道ショットでスコアメイキングすることができるのです。

フェアウエイの両サイドが林でセパレートされているコースなら、木のてっぺんを越えない高さの球を打てば、林の壁が風を遮ってくれるので風の計算がほとんど必要ありません。

距離感や方向性の誤差を極力少なく抑えることが可能ですから、低い球を打てるというのはコースマネジメント的に有利であることは確かです。

それに低い球を打つ練習をすると、スイングがよくなるということも知ってください。タイガー・ウッズやスコッティ・シェフラーら世界の超一流プレーヤーたちも調子が悪くなると、低い球を打つ練習に専念してスイングを調整します。


低い球を打つにはハンドファーストインパクトが大原則です。

クラブヘッドが早く落ちてハンドレートのインパクトになると、低い球は絶対に打てません。

シャフトやグリップエンドがフェース面よりも前に出るのがハンドファーストのインパクトです。

シンプルにクラブを正しく振りますと手元がクラブを引っ張りますので、自然にハンドファーストになります。


低い球の正しい打ち方の原理としては、ボールをフェース面で包み込むようにフェースを立てながらハンドファーストに打つことです。

円弧最下点の手前でインパクト、フェースを立てる（起こす）、ハンドファーストの3つが揃うことが条件なのです。

低い球を打つ練習はアイアンでも構いませんが、ボールが上がりやすい5番ウッドを使い、低いティアップでボールを低い角度で打つのも効果的です。

いっそうのレベルアップのためにも、是非試してみてください。

ゴルフが変わる名言のまとめ

「低い球の技術を磨け」

低い球を打つ練習をすると正しいインパクトが身につき、スイングがどんどんよくなる。コースマネジメントの面でも有利だ。

ゴルフが変わる
名言・42

あるがままとは
ボールのライにとどまらず、
天候、体調、環境など
すべてが含まれる

――ボビー・ロック

●ボビー・ロック
1917年11月20日生まれ。南アフリカ出身。全英オープン4勝の記録を残した同国の名プレーヤーで、後に世界的に活躍したゲーリー・プレーヤーらに大きな影響を与えた。87年3月9日没。

ありのままの自分でプレーする謙虚な心を持とう

ゴルフルールの4大原則では以下のようになっています。

1. ひとつの球を打つ
2. 連続したストロークで打つ
3. あるがままに打つ
4. ホールアウトする

3つ目の「あるがままに打つ」というのは、ゴルファーの皆さんがよくご存じのように、「ボールが置かれている状態（ライ）で打つ」ことです。

OBやペナルティエリアに打ち込んだ場合は、罰打を加えて所定の場所からプレーを再開しますが、これはプレー可能な状態に戻すための「救済」です。

でも、ボビー・ロックがいうように、あるがままとはボールのライだけではないのです。

ディボット跡のようにライがよくない場合は、ボールを上げようとしないでなるべく低く転がすという具合に、技術面において的確な判断を下すことも大事ですが、ロックの名言はメンタル面にも及んでいて、謙虚な姿勢でゴルフプレーに臨むことの重要性を教えてくれます。

あるがままの状態でプレーすることは、「素の自分のままでプレーする」ということに通じます。

たとえばコンペに出たとします。多くの人は自分をよく見せようとして、自分の実力以上のことをやろうと高望みしますが、多くは自分の実力を出し切れずに終わってしまうでしょう。

体調がよくないときでも、最高のプレーをしてやろうと見栄を張ると、結果として恥をかいてしまうケースのほうが多いのです。

天候にしても悪条件ならよいスコアを出そうなんて思わないで、普段よりも目標スコアを多く見積もってプレーしましょう。

雨が降ろうが風が吹こうが、どんなときも自分のできることに徹してプレーすることが肝心です。

ゴルフは欲との闘いでもあります。自分のできないことをやろうとした時点で負けです。結果は自分でコントロールできない部分ですから、自分のできることのみに集中しましょう。

強いゴルファーほど、ありのままの自分でプレーする謙虚な心を絶対に忘れません。

ゴルフが変わる名言のまとめ

「自分のできることだけやろう」

自分をよく見せようとして見栄を張ると、恥をかいてしまうハメとなる。できないことはやらないほうがスコアはまとまりやすい。

おわりに

往年の名プレーヤーたちが残してくれたたくさんの「すごい言葉」、読後の感想はいかがでしたでしょうか。

スランプに陥っているときの悩みは結構深いものですが、そんなときは自分をより高いレベルへと引き上げたい願望が強いゆえに、ゴルフ本来の基本やスイングの原理原則を忘れていることが案外多いものです。

名手たちの名言に触れてもう一度原点に戻り、ゴルフをシンプルにとらえてみるとスランプ脱出のキッカケが必ずつかめることでしょう。

練習時間が少なくても練習の効率を上げることで、いくらでも上達スピードアップは可能です。

メンタル面においても、自分の心をコントロールするコツさえ把握できればプレーのパフォーマンスをキープすることができます。

いいスコアを出すためのヒントが得られたら、ベストスコア更新のチャンスがどんどん増えてきます。

往年の名プレーヤーたちの「すごい言葉」はどれも説得力に満ちていますが、よくよく考えてみるとゴルフプレーの本質やゴルフスイングの原理原則は昔も今も変わっていないということがよくわかります。

時代を超えてゴルフの奥深さを改めて痛感し、生涯にわたってゴルフを心から楽しんで頂けることを祈念致します。

最後になりましたが、本書の出版にあたって、河出書房新社の稲村光信さん、構成者の三代崇さん、菊池企画の菊池真さんには多大なるご協力を頂きましたことに感謝を申し上げます。ありがとうございました。

森　守洋

森 守洋（もり　もりひろ）

◆プロフィール
1977年生まれ。静岡県下田市出身。高校時代にゴルフを始める。95年に渡米し、サンディエゴにてミニツアーを転戦しながら腕を磨く。帰国後、陳清波に師事し、ダウンブロー打法を学ぶ。現在は、東京都三鷹市で「東京ゴルフスタジオ」（http://tokyo-gs.com/）を主宰し、原江里菜プロ、堀琴音プロ、柏原明日架プロ、香妻陣一朗プロら複数のツアープロコーチをつとめ、多くのアマチュアの指導にもあたっている。
著書に『ゴルフ 誰もいわなかったプロのスイングになる極意』『誰も教えてくれなかった ゴルフクラブ最強の使い方』『結果が出るゴルファーの共通点』（以上、河出書房新社）、『ゴルフスイングの原理原則』『ゴルフ 森 守洋「正しいスイング」はクラブが主役』『写真でわかる森守洋流 新しいゴルフの基本』（以上、主婦の友社）、『ゴルフ「勘違い」に気付けば100を切れる！』『ゴルフ【苦手】を【得意】に変えるパッティング』『ゴルフ【苦手】を【得意】に変えるショートゲーム』（以上、池田書店）、『9割のゴルファーが知らない90台が出るスイング』（学研プラス）、『ゴルフ プロのダウンブロー最新理論』（青春出版社）など多数。

STAFF

構成／三代 崇
写真／矢久仁史
本文デザイン・DTP／原沢もも
編集／菊池企画
企画プロデュース／菊池 真

ゴルフが変わる名言

2024年10月20日　初版印刷
2024年10月30日　初版発行

著者◉森 守洋

発行者◉小野寺優

発行所◉株式会社 河出書房新社
東京都新宿区東五軒町2-13　〒162-8544
電話 (03)3404-1201(営業)
電話 (03)3404-8611(編集)
https://www.kawade.co.jp/

印刷・製本◉中央精版印刷株式会社

Printed in Japan　ISBN978-4-309-50455-1

森 守洋の本

大好評発売中!!

ゴルフ　誰もいわなかった
プロのスイングになる極意
ISBN978-4-309-27975-6

誰も教えてくれなかった
ゴルフクラブ最強の使い方
ISBN978-4-309-28786-7